生态文明教育论丛

生态文明教育视域下
高中生跨学科项目化学习实践探索

张婷媛　等著

苏州大学出版社

图书在版编目(CIP)数据

生态文明教育视域下高中生跨学科项目化学习实践探索 / 张婷媛等著. --苏州: 苏州大学出版社, 2025. 6. --(生态文明教育论丛 / 蔡文主编). -- ISBN 978-7-5672-5272-1

Ⅰ. G633.982

中国国家版本馆 CIP 数据核字第 2025Y02R35 号

书　　名: 生态文明教育视域下高中生跨学科项目化学习实践探索

著　　者: 张婷媛 等
责任编辑: 汤定军
策划编辑: 汤定军
装帧设计: 吴　钰

出版发行: 苏州大学出版社(Soochow University Press)
社　　址: 苏州市十梓街 1 号　**邮编**: 215006
印　　装: 广东虎彩云印刷有限公司
网　　址: www. sudapress. com
邮　　箱: sdcbs@ suda. edu. cn
邮购热线: 0512-67480030
销售热线: 0512-67481020

开　　本: 700 mm × 1 000 mm　1/16　**印张**: 11.25　**字数**: 215 千
版　　次: 2025 年 6 月第 1 版
印　　次: 2025 年 6 月第 1 次印刷
书　　号: ISBN 978-7-5672-5272-1
定　　价: 58.00 元

前 言

Preface

在生态文明建设上升为国家战略的时代背景下，教育在培养未来生态公民、推动可持续发展进程中的关键作用日益凸显。上海师范大学第二附属中学（以下简称“上海师大二附中”）敏锐捕捉时代需求，凭借对教育使命的深刻理解，积极投身于生态科技教育的创新实践中，开启了一段意义非凡的探索之旅，而本书正是这一探索历程的生动记录与智慧结晶。

上海师大二附中始终秉持“一切以学生全面可持续发展为本”的办学理念，自 2017 年起，将生态科技教育确立为特色发展方向，校长蔡文带领教师团队勇立教育改革潮头，以解决真实生态问题为导向，引导学生开展跨学科项目化学习。历经 7 年不懈探索，打破传统学科界限，不断优化教学实践，致力于全方位培养学生的生态素养、创新精神与实践能力，为学生的长远发展筑牢坚实根基。

本书精心收录了生物多样性与生态系统保护、生态环境问题研究与应对、生态环保创新实践等多个领域的项目实践案例。这些案例不仅是学校教学成果的直观展示，更是跨学科教育理念在生态科技教育领域的成功范例。衷心希望本书的出版能够为广大教育工作者提供有益的参考与借鉴，助力大家携手推动跨学科项目化学习的蓬勃发展，为培育具有生态素养和创新能力的未来人才贡献力量。

本书的研究成果凝聚着数位教师的心血与智慧。他们在各自负责的章节中深入挖掘生态科技教育内涵，结合教学实践经验，将理论与实际紧密结合，为读者呈现了丰富多样且极具价值的跨学科项目化学习实践案例。在校长蔡文的主持下，张婷媛老师承担了第一章、第二章第二节、第五章的撰写工作，付卓敏老师撰写了第二章第一节，任方方老师负责第二章第三节的撰写工作，许礼华老师撰写了第三章第一节，尹静老师撰写了第三章第二节，刘晓东老师撰写了第三章第三节，罗俊楠老师撰写了第四章第一节，齐帅珂老师撰写了第四章第二节，王青波老师撰写了第四章第三节。

目录
Contents

第一章　生态文明教育与跨学科学习的基础与理论

在当今社会，随着经济的快速发展和城市化进程的不断推进，生态环境问题日益凸显。生态文明建设作为国家发展的重要战略之一，已受到社会各界的广泛关注。教育作为培养未来社会主体的重要途径，承担着传递生态文明理念、增强学生环保意识与实践能力的重要使命。上海师大二附中在这一背景下积极践行绿色发展理念，通过一系列创新举措，将生态文明教育与跨学科学习有机结合，为培养具有生态素养的未来人才做出了有益探索。

上海师大二附中自建校以来始终秉持"一切以学生全面可持续发展为本"的办学理念，致力于为学生提供高质量的教育服务。学校在"适应教育"理念的引领下，依托丰富的校园资源和区域生态特点，构建了一套多层次、多维度的生态文明教育课程体系。这一体系不仅涵盖了基础型课程、拓展型课程和研究型课程，还注重跨学科融合，鼓励学生通过自主探究、合作学习等方式，解决复杂的实际生态问题。

我国的教育方针也强调了素质教育的重要性，要求学校在传授知识的同时注重培养学生的创新精神、实践能力和社会责任感。上海师大二附中积极响应国家号召，将生态文明教育融入日常教学之中，通过跨学科项目化学习的方式，引导学生关注身边的生态环境问题，提升他们的环保意识和实践能力。这种教育模式不仅有助于学生全面发展，也为解决区域生态问题提供了新的思路和方法。

第一节　生态文明教育发展溯源

一、理念萌芽:从自然关注到课程构建

上海师大二附中的生态文明教育理念可追溯至其建校初期。20 世纪 70 年代,学校前身“石化一中”在围海造地的特殊背景下应运而生,肩负着为化工企业培养人才的崇高使命。彼时,金山地区的自然环境在工业发展的影响下逐渐发生变化,引起了学校师生对周边生态环境的广泛关注。

1985 年,学校与上海师范大学联合共建,在其帮助下建设了生物标本室,并相继组建了“生命的起源”“海洋滩涂甲壳类动物标本制作”等兴趣小组。这些早期活动引导学生们接触自然、了解生物,为生态文明教育理念的形成奠定了基础。1987 年起,学校着手编写学科乡土教材,并于 1993 年正式出版了地理、历史、生物、化学和环保五门学科的乡土教材,这标志着学校开始正式将生态文明教育融入学科教学体系,体现了早期生态文明教育理念从实践活动向课程体系逐步渗透的发展脉络。

在“适应教育”理念的引领下,学校依托标本室和校园植物生态资源,进一步拓展了学习的时间和空间,通过兴趣小组、拓展型课程、研究型课程等多种形式,搭建了以“水、土、气、生”为主题的生态科技教育课程模块,生态文明教育理念在课程建设中不断丰富和深化。

二、事件推动:生态文明教育特色的形成

在学校的发展历程中,有诸多标志性事件推动了生态文明教育特色的形成。1991 年,师生们开展了第一次石化地区鸟类调查,并与上海石化总科协联合制作了纪录片《环境与鸟类——金山石化地区调查散记》。该纪录片在石化电视台播放后引起广泛关注,不仅提升了学校生态教育的影响力,也让学生更加深入地了解了生态环境与生物之间的密切关系。

1993 年,学校获评“上海市花园单位”,这不仅是校园环境的一次全面提升,更为生态科技教育提供了重要契机。同年,学校进一步拓展课程建设,以校园资源为载体,深入开展生态教学和实践活动,将生态教育与课程建设紧密结合,使得聚焦生态科技以解决环境问题的育人路径逐渐清晰起来。

2011 年,学校创建了金山区生态学创新素养培育基地,面向全区招生;2012 年,“生态学创新实验室”获批为上海市中小学创新实验室建设项目;2013 年,标本楼建成并获评金山区科普教育基地;2015 年,学校获评上海市首批特色普通高中建设项目学校,并成为上海中小学新科学新技术创新课程平台试点学校。这些标志性事件见证了学校生态科技教育从课程开发、实验室建设到特色学校创建等方面的全面推进,逐渐形成了鲜明的生态文明教育特色。2022 年,学校被上海市教委正式命名为“上海市特色普通高中”,这既是对学校过去努力的肯定,也是对未来发展的期许。

三、成果盘点:多元生态课程与绿色校园实践

校园生态文明建设在诸多方面均取得了显著成果。在课程建设层面,学校构建了丰富多元的生态科技课程体系,涵盖基础型、拓展型和研究型三大类课程。基础型课程侧重于生态知识的普及与传播,为学生打下坚实的生态基础;拓展型课程,如“与绿色校园对话”“生态问题观察”等,旨在满足学生个性化的兴趣发展需求,拓宽其生态视野;研究型课程则鼓励学生深入探究生态领域的前沿问题,为他们提供了系统学习生态知识和技能的平台。

在校园环境建设方面,学校同样成绩斐然。绿化总面积高达 35225 平方米,绿地覆盖率更是达到了 61.6%。校园内种植有 130 余种植物品种和 56 种应时花卉,为师生营造了一个自然生态良好的学习环境。此外,校园内还设有生态实践区、城市荒野、生态果树园等特色区域,为学生提供了亲近自然、参与生态实践的场所。同时,学校还建设了一系列具有特色的生态设施,如西校区生态科技研究院的立体植物墙和雨水回收系统、校园河西的“乡土物种保育园”等,这些设施不仅有效提升了校园的生态功能,还为学生的生态学习和研究提供了实践基地。

在学生们的积极参与下,校园生态文明建设也取得了丰硕的成果。学生们自发成立了多个与生态相关的社团,如“爱鸟社”“环境社”等,并开展了丰富的生态活动,如鸟类调查、环保宣传等。在各类生态竞赛中,学生们更是屡获佳绩,如在上海市常见植物识别、鸟类识别、昆虫识别等大赛中均取得优异成绩,这充分展示了学校生态文明教育的卓越成果。

第二节　跨学科项目化学习教育意蕴

一、内涵:基于真实场景的多学科融合

跨学科项目化学习是一种以学生为中心的学习方式,它打破了传统学科之间的界限,将多个学科的知识和技能有机融合在一个真实的项目情境中。学生通过自主探究、合作学习等方式,解决复杂的实际问题,从而实现知识的深度理解和综合运用能力的提升。

在上海师大二附中,跨学科项目化学习展现出以下几个特点:一是真实性,项目选题紧密贴近学生的生活实际和区域生态问题,如"遇见鸟巢"课程的开发是基于教师对生态的关注和学生的兴趣,让学生在真实的情境中探究问题;二是综合性,项目涉及多个学科领域的知识和技能,如在"水韵校园"项目中,学生需要综合运用生物、化学、地理等学科知识对校园河流水质进行检测和分析,并提出可行的改善方案;三是探究性,学生在项目中通过自主观察、实验、调查等多种方式进行深入探究,培养创新思维和实践能力;四是合作性,项目通常以小组形式开展,学生在团队中分工协作,共同完成任务,从而培养团队合作精神和沟通能力。

二、意义:多方面助力学生全面发展

跨学科项目化学习对高中生的全面发展具有深远意义。在知识与技能方面,它能够帮助学生整合不同学科的知识,拓宽知识视野,提高综合运用知识解决实际问题的能力。例如,在"荒野探秘"项目中,学生通过对乡土植物资源多样性的调查,不仅学习了生物分类和生态学知识,还运用了地理学科中关于地形、气候对植物分布影响的知识,从而加深了对生态系统的全面理解。

在思维能力培养方面,跨学科项目化学习有助于培养学生的批判性思维、创新思维和系统思维。面对复杂问题时,学生需要从不同角度思考,分析问题的本质,并提出创新性的解决方案。如在"创意湿地"项目中,学生需要思考如何将湿地的生态功能与城市居民的需求相结合,设计出兼具教育意义、休闲和保护功能的湿地公园。这一过程不仅锻炼了学生的创新思维,还能提升他们的系统思维能力。

此外,跨学科项目化学习还能够全面提升学生的综合素质,培养他们的社会责任感和团队合作精神。在项目实施过程中,学生通过与他人合作、参与社会实践等活动,增强了对社会和环境的责任感,提高了团队协作和沟通能力。

三、策略:多元开放的教育实践路径

学校在实施跨学科项目化学习时采取了一系列行之有效的策略。首先,立足真实情境进行选题,挖掘校园和区域生态环境中的问题,如校园河道污染、海洋塑料垃圾等,让学生深切感受到学习与生活的紧密联系,从而激发他们的学习兴趣和探究欲望。

在课程设计上,学校注重学科融合。以学科大概念为核心,整合不同学科的知识和技能,设计跨学科项目。例如,在“小小气象预报员”项目中,地理学科组巧妙融合了气象学、物理学等相关知识,让学生在完成台风天气预报的任务过程中综合运用多学科知识,有效培养了他们的综合思维和实践能力。

此外,学校还为学生提供了丰富的学习资源和全方位的支持。校内设有创新实验室、博物学习空间等设施,校外则与上海自然博物馆、辰山植物园等实践基地建立了合作关系。教师在项目实施过程中充分发挥引导作用,引导学生制订研究计划,开展调查研究,分析数据并总结成果,及时帮助学生解决遇到的问题,有力地促进了学生的学习和成长。

在评价方面,学校采用多元化的评价方式,不仅关注学生的学习成果,更重视他们的学习过程,同时综合考虑学生的知识掌握情况、能力发展水平、团队合作表现等多个方面,以求全面、客观地评价学生的学习表现。

第三节　生态文明教育课程架构

一、以学生为中心的课程指导思想

上海师大二附中的生态文明教育课程以“一切以学生全面可持续发展为本”为核心指导思想。学校秉持“绿色发展,和谐共生”的理念,将生态文明教育融入教学的各个环节,旨在培养学生对生态环境的尊重和保护意识,使学生深刻理解人与自然和谐共生的重要性。

在课程设计中,学校充分考虑学生的身心发展特点和需求,坚持以学生为

中心，鼓励学生积极参与、主动探索。从区域生态问题出发，引导学生运用科学知识和技能，分析和解决实际问题，有效提升了学生的实践能力和创新精神。同时，学校还注重培养学生的生态伦理观和可持续发展观念，使他们能够在未来的生活和工作中自觉践行绿色生活方式，为生态文明建设贡献力量。

此外，学校还强调跨学科融合的教育理念。打破学科界限，整合多学科知识，让学生从不同角度全面认识生态问题，进一步培养了他们的综合思维能力。通过与高校、科研机构等建立合作关系，引入先进的教育理念和资源，不断优化课程内容，确保课程的科学性和前沿性，为学生提供高质量的生态文明教育。

二、指向生态教育的课程目标

学校生态文明教育课程目标体系涵盖知识、技能、情感、价值观等多个维度。

在知识目标方面，学校致力于让学生了解生态系统的基本结构和功能，掌握与生态环境相关的科学知识，包括生态平衡、生物多样性、环境保护等内容；熟悉国家和地方的环保政策法规，理解人类活动对生态环境的影响。

在技能目标上，学校着重培养学生运用生态知识解决实际问题的能力。如掌握环境监测的基本方法，学会分析生态问题并提出相应的解决方案；具备一定的科学研究能力，能够开展生态调查、实验探究等活动，收集和处理数据，撰写研究报告；提升创新能力，鼓励学生运用科技手段创新解决生态问题的方法。

在情感、价值观目标方面，学校聚焦于激发学生对大自然的热爱之情。通过课程实施，学生增强了生态保护意识，树立了正确的生态伦理观；培养了社会责任感，学生认识到自己在生态文明建设中的责任和义务，积极参与环保行动；形成了可持续发展的价值观，理解经济发展与环境保护的辩证关系，追求人与自然和谐共生。（孙晓旭，徐进，康晓荣，2023）

三、指向生态教育的课程架构体系

学校构建了多层次、多维度的生态文明教育课程架构，旨在满足不同学生的学习需求，促进学生全面发展。该课程架构主要包括基础型课程、拓展型课程和研究型课程三大板块。

基础型课程作为生态文明教育的基石，涵盖了语文、数学、英语、物理、化学、生物、地理等多个学科。在这些学科的教学中，教师深入挖掘生态教育元素，将生态知识有机融入日常教学内容之中。例如，在语文教学中，通过学习相关文学作品，引导学生感受自然之美，培养学生的环保情感；在化学教学中，讲解化学物质对环境的影响，让学生了解环境污染的成因及防治方法。通过基础型课程的学习，学生得以建立起较为系统的生态知识基础，并形成初步的生态意识。

拓展型课程则分为限定拓展和自主拓展两类。限定拓展课程包括“与绿色校园对话”“生态问题观察”等课程群，依托校内良好的生态资源和区域发展中的生态问题，通过开展实验研究、校园节庆活动和社会实践等多种形式，增加学生的生态体验，提升学生的生态意识，帮助他们树立正确的生态伦理观。自主拓展课程则充分尊重学生的兴趣和特长，以创新实验室为载体，开发了“科技创新”“运动健身”“艺术修养”“文化知识”“人文底蕴”等课程群，如“海洋生态”“印染废水处理与多孔分子筛”“生态文学”等，为学生提供多样化的选择，促进学生的个性化发展，培养他们的生态科学技能和创新思维。

研究型课程则注重培养学生的科研能力和创新精神，与生态科技紧密结合。在完成自主拓展课程的基础上，学生可以在生态特色课程群中发掘研究主题，开展深度研究。学校为学生提供专业的指导和丰富的研究资源，鼓励学生积极参与各类科研项目，如“未来生态学家计划”等，以培养学生的科学研究能力和实践能力，为成为科研型人才奠定基础。

第四节 基于“生态问题解决”的跨学科项目化学习课程概览

一、立足区域生态难题，打造创新生态素养培育课程

随着学校生态文明教育的深入开展，“生态问题解决”系列课程应运而生。学校所在的金山地区在工业化和城市化进程中面临着一系列生态问题，如河道污染、海洋垃圾、生物多样性减少等。这些问题引起了学校师生的广泛关注。为培养学生解决实际生态问题的能力，提高学生的生态文明素养，学校决定开发“生态问题解决”系列课程。

该系列课程的使命在于以真实的生态问题为导向，引导学生运用跨学科的知识和方法，深入探究问题的本质，提出创新性的解决方案。该系列课程的实施，培养了学生的综合素养和社会责任感，帮助他们成为生态文明建设的积极参与者和推动者。同时，课程也致力于促进学校与社区、社会的紧密联系，共同为解决区域生态问题贡献力量。

二、多主题:"生态问题解决"跨学科项目化学习课程介绍

"生态问题解决"跨学科项目化学习课程涵盖了多个主题,如"遇见鸟巢""风中的魔法""荒野探秘""水韵校园"等。这些课程紧密结合区域生态特点和学生的生活实际,具有很强的现实意义和针对性。通过这些课程的学习,学生将能够更深入地了解生态问题,掌握解决生态问题的方法和技能,为未来的生态文明建设贡献自己的力量。

(一) "遇见鸟巢"课程简介

"遇见鸟巢"是上海师大二附中"对话绿色校园"系列跨学科项目化学习的课程之一。本课程以校园内的鸟巢为实物载体,旨在唤起学生观察身边生物的热情,引导学生密切关注校园生态环境。(徐星,薛婷彦,2022:38)通过本课程,学生体验使用科技工具或产品认识自然现象和学习生态学等相关知识,进一步激发学生思考和探究人与自然和谐共生生活方式的兴趣。

(二) "探密湿地"课程简介

"探密湿地"是学校生态科技教育实践周校园观察的一项重要内容。本课程旨在通过绘画的形式,让学生更深入地了解水生生物的分布特征,认识水生生物在生态环境中的重要作用。特别是通过绘制战斗港河中的水生植物分布图,让学生了解校园人工湿地的主要植物。通过小组绘图和分享,本课程还将有效提高学生的合作和表达能力。

(三) "外来舞者"课程简介

"外来舞者"是学校生态科技教育实践周校园观察的内容之一,专注于对校园内的动植物进行深入研究,并对特殊的生物类型展开观察。本课程旨在让学生了解生物入侵对生态系统的影响,树立与自然和谐共处的理念。A1 层次课程目标是:理解外来生物入侵的含义;学会使用表格、自然笔记、照片拍摄等工具记录整理数据,发现校园环境中的外来入侵动植物,并进行长期或季节性观察记录;能用不同形式展示自己的发现,鼓励创意表达。

(四) "校园荒野"课程简介

"校园荒野"是学校生态科技教育实践周校园观察的一项内容。本课程通过实地观察和海报绘画的形式,让学生更深刻地了解荒野植物的分布特征,认识荒野植物在生态环境中的重要作用。特别是通过绘制校园荒野中的水生植物分布图,让学生了解荒野中的主要植物。通过小组绘图和分享,本课程还将提升学生的合作和表达能力。

（五）“水韵校园”课程简介

“水韵校园”是上海师大二附中“对话绿色校园”系列跨学科项目化学习的课程之一。本课程依托校园得天独厚的战斗港河环境资源，延伸和拓展课堂学习，鼓励学生在生活实践中运用课本知识。通过理论学习、实地考察、动手实验、海报设计等多种形式，引导学生认识校园水环境，了解水质指标及检测方法，提升学生的科学素养。同时，本课程还帮助学生理解生态系统服务功能及其价值，培养学生树立可持续发展的意识。

（六）“风中的魔法”课程简介

21 世纪是海洋世纪，海洋是经济发展的重要支点，也是人类科学和技术创新的重要舞台。本课程在国家海洋强国战略背景下，基于绿色能源开发和海洋资源利用相结合的工程类规划应用探索活动而设计。学习中，学生将通过相关学科核心知识自主开展“海洋风电＋”的设计规划，鼓励以海洋风电场建设和风电利用为核心，结合海洋资源的高效集约开发，创意设计海洋工程的开发新模式，从而提升学生的创新意识和能力。

（七）“蓝色预警”课程简介

我国既是陆地大国，也是海洋大国，拥有广泛的海洋战略利益。习近平总书记强调要建设海洋强国，必须进一步保护海洋生态环境，加快海洋科技创新步伐，着力推动海洋开发方式向循环利用型转变。近年来，海洋垃圾污染问题日趋严重，已经成为一个影响到世界各大洋的全球性环境问题。本课程旨在通过课堂教学实践，让学生学习基本的科学知识，掌握基本的科学技能，并重点加强学生的科学素养培养和提升，包括科学意识、科学能力、科学品质、科学素养等，以应对海洋垃圾污染等全球性环境问题。

（八）“绿色律动”课程简介

“绿色律动”课程围绕生态环保领域，通过团队合作的形式，模拟人民政协提案的形成过程。课程首先通过理论学习，使学生快速了解人民政协的作用，普及政协提案的历史由来、基本定义、撰写要点等理论知识。随后，课程围绕党和政府在生态环保领域的立法、战略部署，引导学生聚焦所在地区、学校、社区的实际环境问题，从微观角度切入，紧扣提案撰写要求，围绕生态文明领域，提出解决生态环境问题的策略和建议。这一过程的实施，旨在培养学生的社会责任感和参与公共事务的能力。

（九）“造物奇旅”课程简介

“造物奇旅”课程结合上海师大二附中绿色生态校园的特色，以 3D 打印技术为基础，通过“绿色校园生态模型”“节能设备模型绿色校园纪念品”“生物3D打印”等小组合作项目，促进学生对生活的细致观察，激发学生对技术与自然关系的深入思考。课程旨在通过实践操作，培养学生的创新思维、动手能力和团队合作精神，同时增强学生对绿色生态校园的认识和热爱。

三、综合化：“生态问题解决”跨学科项目化学习课程特色

“生态问题解决”跨学科项目化学习课程具有以下鲜明特色。

其一，内容紧密围绕真实的生态问题展开，具有高度的现实性和针对性。学生通过解决实际问题，能够深刻体会到生态问题的复杂性和紧迫性，从而增强他们的社会责任感和使命感。

其二，强调跨学科融合。课程打破了传统学科的界限，整合多学科知识和方法，培养学生的综合思维能力。在解决问题的过程中，学生需要从不同学科的角度思考问题，运用多学科的知识和技能。例如，在“校园荒野”课程中，学生需要运用生物知识识别植物，运用地理知识分析植物分布与环境的关系。这种跨学科的学习方式有助于培养学生的创新思维和解决复杂问题的能力。

其三，注重实践操作。课程以项目化学习为主要方式，让学生在实践中学习和成长。学生通过实地考察、实验研究、方案设计等活动，将理论知识与实践相结合，提高实践能力和动手操作能力。例如，在“水韵校园”项目中，学生自己采集水样、检测水质、设计净水装置，通过这些实践活动，他们不仅掌握了水质检测和净化的技能，还增强了环保意识。

其四，具有开放性和生成性。课程内容和实施过程具有一定的开放性，学生可以根据自己的兴趣和特长选择不同的研究方向和方法。在项目实施过程中，学生可能会发现新的问题，从而生成新的研究内容。这种开放性和生成性有助于激发学生的学习兴趣和创新精神，使课程更加生动、有趣且富有成效。

第二章　生物多样性与生态系统保护类项目实践探索案例

从“蒹葭苍苍，白露为霜”的诗意栖居，到“稻花香里说丰年，听取蛙声一片”的生态认知，古人以质朴笔触勾勒出生物与自然共生的原始图景，传统文化中始终蕴含着对生物多样性及生态系统保护的深刻理解。如今，这种理念在校园实践中获得新生，学生们仔细识别校园荒野中的不同植物，在湿地模型中重现动物在自然中的生活，认真观察鸟巢的材质和组成结构……这份对生命的敬畏与探索，正延续着中华文明与自然对话的古老智慧。

当传统观察与现代科技相遇，当生态保护从典籍走向田野，教育便真正成为连接历史与未来的桥梁。我们该如何重构人与自然和谐共生？这不仅是生态文明建设的时代命题，更是新时代教育工作者肩负的重要使命。

第一节　“校园荒野”：乡土物种多样性调查与生态保护实践

一、背景：城市化进程中的生态挑战与校本资源

（一）城市化影响

城市的发展带给人类许多便捷，但随着城市化进程的加快，自然环境和生物多样性面临着前所未有的挑战。城市扩张导致大量自然栖息地丧失，物种多样性受到严重威胁。城市化进程对上海乡土物种的影响是一个复杂且多维度的问题，涉及生态系统的破坏、栖息地破碎化、外来物种入侵及人类活动干扰等因素。以下从多个角度分析其具体影响。

1. 栖息地丧失与生态廊道断裂

随着城市化进程的加速，大量的自然栖息地被转化为住宅区、商业区、工业区等功能区域，原本属于乡土物种的自然栖息地（如农田、林地等）被建筑和道

路所取代,导致乡土物种栖息地丧失,生存空间减少。即使部分自然栖息地得以保留,也往往被城市区域分割成小块,逐渐破碎化。破碎化的栖息地往往面积更小、更分散,限制了乡土物种的活动范围和繁殖能力,不利于乡土物种的繁衍和迁徙,增加了其生存难度。上海大量的乡土生物的生存也因此受到了不同程度的威胁,一些原生植物和动物因为栖息地的丧失和破碎化而面临消失的危险,如豹猫、小灵猫等哺乳动物在上海绝迹,以上海作为模式产地的无斑雨蛙多年未见,曾经被当作杂草的一些乡土植物如竹叶花椒也难寻踪迹……

以湿地面积减缩为例。作为与森林和海洋并列的地球三大生态系统之一,湿地在抵御洪水、调节气候、涵养水源、降解污染物、应对气候变化、维护全球碳循环和保护生物多样性等方面发挥着不可替代的重要作用,被誉为"地球之肾""物种宝库""储碳库",是保障国家生态安全和经济社会可持续发展的重要战略资源和稀缺资源。(宋家波,2016:84)可以说,湿地是人类最重要的环境资源之一,依赖湿地生存、繁衍的野生动植物极为丰富,其中不乏许多珍稀特有的物种,如一些濒危鸟类和迁徙候鸟。因此,湿地是生物多样性丰富的重要地区,对于维持生物多样性具有重要意义。在 40 多种国家一级保护鸟类中,约有 1/2 生活在湿地中。然而,随着城市化进程的加速和人类活动的扩张,湿地面临着诸多严峻挑战,如面积缩减、生态功能退化、生物多样性减少等。例如,上海城市化扩张(如浦东新区开发、临港新城建设、金山城市沙滩建设)导致大量自然湿地被转化为建筑、道路、工业区等。自 20 世纪 60 年代以来,崇明东滩湿地因围垦和开发导致原始盐沼湿地面积逐渐减少,这加速了湿地的退化,进而威胁到生活其中的震旦鸦雀(中国特有鸟类)和中华绒螯蟹(大闸蟹)的生存。而在此前数年,由于崇明湿地环境被破坏,每年在此越冬的小天鹅数量从几千只降为几十只。

除了栖息地减缩,上海的乡土物种还面临生态廊道断裂的严重问题。"生态廊道"又称为"生物廊道",它的作用是通过走廊的形式把若干破碎化的物种栖息地(或生境)连接起来,减少"孤岛"效应,它是濒危物种保护的一种重要手段。然而,城市化进程中大量新增的各级道路和基础设施把原有生态区域切割成了无数碎片,导致物种迁移受阻。例如,貉(上海本土哺乳动物)因生态廊道被切断,被迫进入人类社区觅食,这也增加了人兽冲突的风险。

2. 外来物种入侵与生态竞争

自大航海时代开启以来,随着地区间交流的日益增多,物种资源的交换也变得愈发频繁。为了满足园林绿化、饲料植物及水域治理等多方面的需求,各国相互引入了众多新奇美丽的植物种类。然而，与此同时，一些植物的繁殖体也在无意间被携带至全新的生态环境中，这些环境缺乏对其有效的制约机制。在这些外来物种中，有许多如凤眼莲（水葫芦）、加拿大一枝黄花、互花米草、马缨丹、一年蓬、鬼针草等已对引入地造成了严重的生态问题。它们不仅大肆占据当地生物的生存空间，还可能通过竞争资源、传播疾病等多种方式对生态系统造成深远的影响。

与乡土物种相比，这些外来物种往往具有较强的竞争力和适应能力，容易在本地生态系统中占据优势地位，进而与乡土物种形成激烈的竞争关系，争夺食物、空间和资源。这种竞争往往导致乡土物种的生存环境发生显著改变，对其生存构成严重威胁。外来物种的入侵还可能破坏原有的生态平衡，导致乡土物种数量的减少甚至灭绝。

以互花米草为例，自 1979 年被引入我国以来，它在沿海地区迅速蔓延。尽管这种植物曾作为消浪护堤的“功臣”被广泛种植，但随着社会经济的发展和堤防建设水平的提高，其防护功能已逐渐减弱，而其“霸道”的一面却日益凸显。在崇明岛东滩湿地，互花米草的快速生长和扩散不仅侵占了本地生物的栖息地，导致乡土植物（如海三棱藨草）的生长受到抑制，进一步影响依赖这些植物的昆虫和鸟类，还导致底栖动物适宜生存环境和大型水鸟栖息环境的丧失，其结果就是滩涂中的贝类生物甚至跳跳鱼、蟹类等因窒息而死亡。更有甚者，互花米草能以每年数千亩的速度急速蔓延，大肆吞噬沿海滩涂，导致沿海海洋生物栖息系统被严重破坏，贝类、蟹类、藻类、鱼类数量锐减，物种多样性遭到严重破坏，进而引发区域内生态功能的退化和生态系统多样性的下降。（李兆飞，2009:10）

3. 生态链结构与功能的变化

城市化进程中的污染、噪声等人为干扰因素也可能对乡土物种产生深远影响，进一步改变生态链的结构和功能。一些物种可能因适应城市环境而存活下来，但其生态习性却发生了显著改变，如觅食行为、繁殖习性等。例如，某些鸟类可能因城市中的食物资源更丰富而改变其迁徙模式，选择成为留鸟。

在漫长的进化历程中，许多乡土物种之间存在着复杂的共生关系，如传粉昆虫与开花植物之间的互利共生。然而，城市化可能破坏这些共生关系，进而影响乡土物种的繁殖和分布。这种改变可能对整个生态系统产生深远影响，包括影响物种多样性、生态服务功能和生态系统的稳定性。

4. 人类活动的影响

城市化带来的工业排放、交通尾气等污染物质可能对乡土物种造成直接伤害或影响其生存环境。例如,空气污染可能导致乡土植物叶片受损、光合作用减弱等问题。同时,城市化进程中的人类活动(如建设施工、垃圾堆放等)也可能对乡土物种造成直接干扰或破坏其栖息地。此外,人类活动还可能改变乡土物种的行为习性,如改变其觅食路线、繁殖地点等,从而对乡土物种的生存和繁衍造成不利影响。

(二) 丰富的校本资源

在生态文明的时代大背景下,人与自然的和谐相处成为城市生态保护工作的重中之重。而恢复上海城市的生物多样性,其核心在于保育上海的乡土物种,并恢复其原有的栖息环境。在城市化浪潮的席卷中,校园往往能成为一片相对未被完全开发的"绿洲",这里拥有着独特的生态系统和丰富的乡土物种资源,是开展生物多样性保护与教育的重要场所。上海师大二附中便拥有这样得天独厚的自然生态资源。

学校悉心营造了一个绿色、协调、共生的校园立体学习环境,将"人与自然和谐共生"的美好理念融入日常教学的每一个空间情景,为学生们打造了一个既具有生态野趣、物种多样,又充满自然体验与教育趣味的学习空间。特别是战斗港河岸西侧的生态长廊步道区域,那里涵盖了多个微生态实景场域:校园荒野、精品果园、生态创客空间、生态鱼池、课题探究区……那里成为孩子们探索本土生物与生态系统之间关系的"第一现场"。

1. "校园荒野"——乡土物种的乐园

三白草、千里光、南丹参、虎耳草、宝盖草……这些并非来自异国的奇珍异宝,不是园艺界的新晋明星,而是生活在城市中的人们很少能够见到的原生"土著"植物。在此,我们有必要先了解一下什么是乡土物种。乡土物种指的是在未受到人类影响时自然分布、生活在一个区域内的物种。它们在漫长的演化过程中逐渐适应了相应的环境,成为构成区域生态系统的基础。上海常见的乡土植物,如救荒野豌豆、活血丹、宝盖草等,在路边的草地里悄然绽放,为上海这座城市带来了一份独特的生机与活力。

学校在战斗港河西侧特意打造了一个这样的"校园荒野"——乡土生态园,总占地面积约700平方米。整个荒野被细心地划分为多个交错互动的微生态区域,自踏月桥至追云桥,依次涵盖了课题研究区、乡土乔木区、蝴蝶招引区、人工湿地区(依托战斗港河的水利资源打造的一段人工湿地)、乡土药草区、景观鱼池等。

乡土生态园的建设不同于校园内其他被悉心布置得错落有致、精致秀美的绿化景观,它看上去有些杂乱无章,所有植物都处于一种野蛮生长的状态。很多第一次看到荒野的师生都心生疑惑:这里为什么要这样设计?有何作用呢?其实,这是学校尝试模拟上海原有的自然生物群落,用乡土野花、野草替代之前的园艺景观花草。除了定期浇水、必要的修剪外,非必要情况下不对它们进行任何干预,在小范围内营造出一个复杂的生态环境,为数量众多的上海乡土生物创造一个赖以栖息的宝贵环境。这种改造将重新为乡土植物的生长提供更加良好的生存环境,通过乡土植物吸引更多种类、数量的野生动物,从而显现它们的生态价值。如今,经过几年的逐步恢复,荒野中的物种丰富度得到了较大改善,由建造初期收集、栽培的各类上海乡土植物 80 余种,扩大到现有植物种类 150 余种。很多昆虫、鸟类也成了这里的常客。如今,在师生们的眼中,"校园荒野"俨然具有了一种原始野蛮的美感,虽然陌生,但美好无比。

2. 生态创客空间

追云桥西侧的老旧温室经过精心改造,如今已焕然一新,成为科技感十足的生态创客空间。这里不仅为校园植物提供了优越的生长环境,美化了校园环境,更为学生提供了一个实践、探索、学习的宝贵平台,作为现代校园建设的重要组成部分,其意义深远。

生态创客空间配备了先进的自动化控制系统,能够精准调节温室内的温度、湿度、光照等环境因素,确保植物在最佳条件下茁壮成长。同时,利用先进的物联网技术,实现远程操控下的滴灌补水、及时遮阴等操作,极大地方便了日常养护工作。

学生们在这里可以亲身体验到科技如何助力农业,学习到如何利用科技手段提高植物的光合作用效率,从而培养他们对农业的兴趣和认知,了解现代农业技术的发展趋势。这不仅有助于引导他们未来的职业选择,更为培养更多的农业科技人才奠定了坚实基础。

空间内被精心划分为多个功能区,包括班级绿植救护站、多肉植物盆栽展示区、无土栽培绿植展示区、动静结合的微生态鱼池,以及为师生准备的研讨学习区和配套基础设施。这些设施让学生们能够直观地观察植物的生长过程,感受生命的奇妙与魅力。

此外,这里也是植物爱好者开展各种实践活动的首选场地。他们可以在这里参加植物种植比赛、进行科学实验等。这些活动不仅丰富了同学们的课余生活,还提高了他们的综合素质和实践能力。

3. 精品果园

在战斗港河西侧,坐落着一片生机勃勃的果园。这里四季常青,果实累累,成为校园内最受欢迎的场所之一。鲜美多汁、香甜可口的金橘挂满枝头，西府海棠、红樱桃个头虽小却酸酸甜甜，皮薄如纸、果肉饱满的枇杷诱人垂涎，脆柿犹如一盏盏小灯笼点缀在枝头，大颗大颗翠绿莹润的青红李挂满树梢，毛桃硕果累累、口感甘甜，更有数量极多的中华猕猴桃和具有乡土特色的马陆葡萄……这些缀满枝头的果实让这里的空气中芳香不散。师生们在这里不仅能感受到农业发展的魅力，还能亲手采摘和品尝新鲜的果实，享受劳动带来的喜悦。同时，他们也将观察发现的问题、所思所想的解决方案记录在实践报告中，体现在生态实践成果中，不断提升自己的实践能力和创新思维。

4. 馆校合作项目共建

上海师大二附中与上海自然博物馆、上海辰山植物园等多家单位建立了密切的合作关系，共同开展生态特色项目，并联合举办各类活动，打破校园和课堂的学习空间限制，充分挖掘和利用校内外生态资源，共建健康和谐的生态校园，传播生态知识和生态文化。

二、主题设计：基于“校园荒野”的项目化学习体系

（一）项目主题确定

“校园荒野”项目中的核心任务是“校园荒野物种多样性调查”。这一项目主题紧密围绕学生熟悉的乡土生态园展开，通过校园内的荒野区域，开展物种多样性调查，深入探究乡土生态园在校园绿地中的特殊意义。学生将学会识别植物的基本方法，在观察了解的基础上，发现乡土生态园中可能存在的生态问题，尝试查阅资料后提出解决方案，并结合生态保护理念，设计并实施保护措施。随着项目的逐步推进，主题将从简单的观察逐渐转向复杂的探究和实践，如探讨荒野生物入侵问题的现状及解决方法、开展乡土生物环保科普宣传等，让学生在不同层次的活动中不断深化对乡土生物在生态系统中重要意义的认识。

（二）主题任务设置

1. A1 级任务

在 A1 级阶段，学生的主要任务是掌握识别植物形态的基础知识。他们需要使用直接观察比较法、AI 工具识别法和查阅专业书籍或专业网站等手段，观察、识别、记录乡土生态园中的各类植物。学生需利用数码相机记录观察结果，学习运用自然笔记法了解植物的整体或局部生物学特征。通过查阅专业书籍或网络资源，学生将掌握植物识别的基础知识，如花形花色、种子结构、叶脉等。

这一阶段的任务旨在让学生初步了解植物的基本信息，掌握样方法调查的科学操作步骤，通过植物多样性调查实验，学会观察和记录调查数据，提高动手动脑能力。

2. A2 级任务

在 A2 级阶段，学生将在调查校园其他绿地与乡土生态园异同的基础上了解二者在物种多样性与群落结构中的差异，进一步深化对乡土生态园生态价值的理解。在该阶段的研究中，我们将更关注那些可能影响乡土生态园物种多样性的具体问题，如外来物种（如加拿大一枝黄花、一年蓬、空心莲子草等）入侵，乡土物种（如构树、乌桕等）的强势繁殖导致的生存空间被大量侵占的问题，刺毛虫对多种乔木的危害，以及精品果园中唯一的一株梨树遭受梨锈病侵害的问题等。学生将以小组合作的方式，根据调研结果自行选定课题，开展深入研究，并尝试提出解决方案。这一阶段的任务注重培养学生的观察分析能力、团队合作能力和实践动手能力，提升学生对环境的关注度和生态文明素养。

3. A3 级任务

在 A3 级阶段，学生的主要任务是了解科研报告的书写规则，将小组在 A2 阶段的研究过程及成果加以梳理汇总，形成最终的研究报告。此外，学生还须通过制作展板、开展主题班会、制作科普宣传短视频等方式，在校内外开展保护生物多样性活动，增强社会责任感。这一阶段的任务旨在全面提升学生的研究能力和社会影响力，让他们将所学知识应用于实际，为生物多样性保护贡献自己的力量。

（三）多样性调查

在“校园荒野”项目化学习课程的深入推进中，学生们经历了各个阶段的任务挑战，不仅初步掌握了识别植物的多种方法，还熟悉了植物多样性调查的方法，更学会了如何发现、解决科研问题，以及如何撰写科研报告。这一系列过程使他们得以经历完整的科学探究流程，从而掌握科学研究的基本方法和技能。

多样性调查主要包括以下几个方面。

1. 基线调查

采用样方和样点法，对校园内的植物、鸟类、昆虫等生物进行全面而系统的观察与记录。通过设立不同大小的样方，统计植物的种类和数量；利用望远镜等专业工具，仔细观察鸟类的行为及栖息情况；通过捕捉或直接观察昆虫，深入了解其种类及生活习性。

2. 文献资料查阅

查阅相关文献资料，了解校园生物多样性的状况，并详细研究校园所在地区的生物种类及分布情况,为实地调查提供有力的参考依据。

3. 访谈与问卷调查

与师生进行深入访谈,了解师生对校园生物多样性的认知及保护意识的情况,并设计问卷进行调查,收集更多关于校园生物多样性的信息。

(四) 实践简要思路

1. 活动准备阶段

(1) 确定目标与活动内容:明确具体的调查目标,如了解特定区域的植物种类、动物种群、生态系统类型等。同时,根据学生的年龄和理解能力设计详细的调查表和记录手册。

(2) 理论学习培训:组织专项选修课程,邀请专家为学生们进行与生物多样性相关的课程培训,确保学生们具备必要的专业知识和指导技能。

(3) 安全教育:在户外活动前,强调安全规则的内容及重要性,如荒野湿地的防落水问题、有毒有刺植物的防伤害教育、防虫咬等,确保每位学生都能充分了解并遵守安全规则,为实地调查提供安全保障。

(4) 物资准备:准备必要的调查工具,如放大镜、数码照相机、电脑、专业书籍、绳子、竹竿、识别手册、记录本等,以确保调查工作的顺利进行。

2. 活动考察实施阶段

(1) 实地考察:各组学生选择荒野中具有代表性的不同自然区域作为调查地点,如生态湿地区、课题探究区、招蜂引蝶区、乡土药草区等,分别开展调查工作。

(2) 观察记录:引导学生们仔细观察不同物种的形态特征、生活习性等,并使用科学方法进行数据记录,如拍照、绘图、文字描述等。

(3) 互动学习:鼓励学生、师生之间进行讨论与交流。通过小组讨论的形式,加深学生对物种多样性和生态平衡的理解,并共同探讨如何更好地保护校园生物多样性。

(4) 专家讲座:邀请生物学专家来校举办讲座,为学生们分享专业生态知识和实际案例。学生们认真聆听讲座内容,积极提问并参与讨论,进一步拓宽了他们的知识视野。

3. 成果展示与交流阶段

(1) 专项课题组内交流汇报:鼓励各小组采取多样化形式分享交流学习成果。通过这一过程,学生们不仅能互相学习知识,还提升了团队合作意识及语言表达能力。

（2）校内交流汇报：选取表现最优异的1个或2个小组，代表本专项活动在校内进行展示交流，并参与最终评比。活动吸引了全校师生的关注，进一步增加了生物多样性保护意识的传播力度。

（3）后续行动与影响力拓展：鼓励学生自发成立生物多样性保护或环保社团（如青青植物社），持续开展相关活动，支持学生们走进社区，开展爱护绿化、关注生物多样性等宣传活动，将所学知识应用到实际生活中；积极鼓励学生们将调查结果整理成海报、视频、PPT等形式，通过社交媒体、学校网站、社区活动等渠道向更广泛的人群展示调查成果，倡导保护生物多样性的理念；基于调查结果，引导学生们设计一套适合校园环境的生态保护方案，包括生态修复、物种保护、环境教育等内容。

三、实施步骤：从筹备到成果展示的三阶段推进

按照前期的准备，开展相关实践教学活动。以A2阶段为例，教学设计和课程任务单如下。

"校园荒野"A2阶段课程教学设计

课程简介：说明本课程的定位和目标。

"校园荒野"旨在明确其定位与目标。作为我校生态学习体系中的一项重要内容，本课程通过实地调查校园荒野的植物类群及其与环境的紧密联系，引导学生深刻理解生物多样性的重要意义，并全面了解物种多样性的价值。在调研过程中，学生将学会主动发现生态环境相关问题，并能针对所发现问题开展初步研究，提出切实可行的解决方案。同时，本课程旨在激发更多学生的环保意识，带动他们加入保护生态环境、维护生物多样性的行列中来。

一、项目级别

本课程为A2级，适合高一年级第二学期的学生学习。

二、教学目标

了解校园荒野中的主要植物类群，掌握荒野植物多样性的现状及其影响因素。

查阅资料，深入探讨入侵物种对环境及其他物种的影响。

三、教学重难点

（一）重点

- 校园荒野植物多样性的现状及其影响因素。
- 乡土植物与入侵生物对植物多样性的影响。

（二）难点

- 乡土植物与入侵物种对校园荒野生态系统的具体影响。
- 培养学生主动关注、积极参与校园荒野植物保护的意识和行动。

四、学习资源

（一）科技工具

植物识别手机应用、数码相机、放大镜。

（二）其他资源

尺子、绳子、任务单、幻灯片。

表2-1 “校园荒野”A2级教学设计

教学内容	教师活动	学生活动	设计意图	主要的科技工具
1. 校园荒野植物识别、价值	导入：回顾识别植物的常见方法。 在第一次生态实践周活动中，经过实地样方法调查，我们发现校园荒野中现存的各类植物品种大约有120种。 问题1：回忆并说出荒野中几种常见的植物名称及其分布。 问题2：我们是如何识别这些植物的呢？你用了哪些方法？和大家分享一下你的经验。 教师介绍：植物和人类关系的密切性，可作为人类的粮食、药材、观赏植物等。 问题3：你最喜欢哪几种植物？举例说明。	聆听、思考、讨论分享、回答问题。	从认识身边熟悉的植物开始，了解植物多样性的意义，为保护生物多样性打基础，同时激发学生学习兴趣。	数码相机、手机

续表

教学内容	教师活动	学生活动	设计意图	主要的科技工具
2."校园荒野"植物多样性现状及其影响因素	教师介绍:生物多样性的含义。 经调查研究,我们发现荒野植物多样性未来会出现降低的风险。 问题4:你知道哪些因素会影响生物多样性? 教师介绍:乡土物种与外来入侵物种的含义,举例说明入侵物种的危害。 视频:加拿大一枝黄花的泛滥与治理。 问题5:入侵生物会导致生态问题,乡土物种就一定是安全的吗? 举例说明:校园荒野中有一些物种如构树、乌桕等具有生长速度快、繁殖能力强、适应性强的特点。 教师介绍:出示梨树叶片病害实物。 除了上述繁殖能力强的生物带来的植物多样性危害外,病虫害也是不可忽视的原因之一。	聆听 思考:生物多样性的意义。 讨论问题并分享交流。 查阅资料 讨论:如何看待入侵生物和繁殖力强的乡土物种对植物多样性的影响。 查阅资料,了解相关信息,提出解决方法。	比较乡土物种与入侵物种对本地生态环境的影响,认识入侵物种的影响。 关注身边的植物状况,查阅资料,寻找解决方案。	电脑
3.学生分组活动:调研影响校园荒野植物多样性的原因	各组选取感兴趣的项目,开展调研:主题围绕影响荒野植物多样性的因素及治理。 活动要求:以小组为单位,完成对应的任务单。查阅资料,完成最终的汇报。	实地调研,查阅资料,完成汇报成果制作。	通过资料查阅进一步理清影响荒野植物多样性的因素。 尝试提出解决问题的可行性方案。	电脑
4.各小组交流汇报调研成果	成果:海报或幻灯片展示。	聆听汇报、交流感悟。		电脑

A2阶段各小组成员须根据所选课题完成下列调查结果的填写。

2023学年第二学期生态实践周“校园荒野”课程任务单

——影响植物多样性的因素

表2-2 团队成员及分工

姓名	任务内容	姓名	任务内容

1. 小组成员及分工:组长____________

2. 调研内容

选题1:外来入侵生物(加拿大一枝黄花)影响荒野植物的多样性。

结合实地调研并查阅资料,完成表2-3。

表2-3 加拿大一枝黄花影响荒野植物的多样性

<table>
<tr><td colspan="4">荒野中加拿大一枝黄花</td></tr>
<tr><td>荒野中现存数量/株</td><td></td><td>荒野中分布位置</td><td></td></tr>
<tr><td rowspan="7">加拿大一枝黄花</td><td>生物学分类(所属科、属、种及原产国)</td><td colspan="2"></td></tr>
<tr><td>识别要点(文字描述、绘画其主要特征)</td><td colspan="2"></td></tr>
<tr><td>生活习性(为何成为优势种)</td><td colspan="2"></td></tr>
<tr><td>繁殖方式</td><td colspan="2"></td></tr>
<tr><td>对其他物种的危害</td><td colspan="2"></td></tr>
<tr><td>常规的治理方案及优劣比较</td><td colspan="2"></td></tr>
<tr><td>我们的建议</td><td colspan="2"></td></tr>
</table>

选题2:本土“入侵”物种影响荒野植物的多样性。

结合实地调研并查阅资料,完成表2-4。

表2-4 本土“入侵”物种影响荒野植物的多样性

荒野中的本土“入侵”物种					
荒野中的本土“入侵”物种	名称			数量/株	
	分布位置				
本土“入侵”物种	生物学分类(所属科、属、种)	构树			
		乌桕			
	识别要点(文字描述、绘画其主要特征)				
	生活习性(为何成为优势种)				
	对其他物种的危害				
	常规的治理方案				
	我们的建议				

选题3:梨锈病对梨树生长的危害及防治措施初探。

结合实地调研并查阅资料,完成表2-5。

表2-5 梨锈病对梨树生长的危害及防治措施初探

项目	内容
梨锈病的症状(文字描述、绘画其主要特征)	
梨锈病的病因	
梨锈病对梨树的危害	
常见梨锈病的治理方案	
我们的建议	

选题4：黄刺蛾（刺毛虫）对校园多种乔木植物的危害及防治措施初探。

结合实地调研并查阅资料，完成表2-6。

表2-6　黄刺蛾对梨树生长的危害及防治措施初探

项目	内容
黄刺蛾的生物学特征描述（文字描述、绘画其主要特征）	
哪些乔木上有黄刺蛾寄生的“身影”？	
黄刺蛾对植物的危害有哪些？	
如何预防？有哪些可以实施的治理手段？	
我们的建议	

（一）活动考察实施阶段

学生们满怀热情，按照预先精心规划的考察路线，以小组为单位，有序地对校园荒野各个不同区域及选定的校园绿地展开地毯式搜索。他们如同训练有素的生态探险家，眼睛紧紧盯着每一寸土地、每一片枝叶。用手中的纸笔和电子设备，认真细致地观察并记录植物的形态特征，从叶片的形状、叶脉纹理到花朵的颜色、花瓣数量，精确标注每株植物所处的地理位置。同时，他们还小心翼翼地采集土壤样本，封装好带回实验室，用于后续深入的微生物分析。对于昆虫等小型动物，学生们采用温柔而科学的网捕、诱捕相结合的方式收集，确保在获取数据的同时不会对这些小生命造成伤害。观察结束后，他们及时将昆虫放归大自然。为了保证数据的全面性和准确性，各组还互相交换考察区域，让不同小组在不同时段都能覆盖到校园的每一个生态角落。

A1阶段学生的主要任务是完成校内植物物种多样性的识别、调查、记录、比较分析等。通过实地考察和数据统计，重点对比校园人工景观与荒野乡土物种在植物物种、数量分布等方面的差异，并完成任务单（表2-7）。

表 2-7　校园绿地物种多样性调查记录

校园绿地选址								
时间		天气		组长		小组成员		
序号	物种名称	乔木	灌木	草本	藤本	数量(株或面积 m^2)	特征(叶形、花形、花色等)	备注
1								
2								
3								
4								
5								
6								
乡土生态园物种多样性调查表								
时间		天气		组长		小组成员		
序号	物种名称	乔木	灌木	草本	藤本	数量(株或面积 m^2)	特征(叶形、花形、花色等)	备注
1								
2								
3								
4								
5								
6								

注意事项:

安全第一。在调查过程中,要严格遵守安全规范,确保所有人员的安全。

尊重自然。在调查过程中,要尊重自然规律,避免对生态环境造成破坏。

科学严谨。在调查过程中,要保持科学严谨的态度,确保数据的准确性和可靠性。

团队协作。加强团队协作,小组共同完成任务,确保调查工作的顺利进行。

(二) 成果展示与交流阶段

1. 数据记录与整理

短暂而有趣的集体调查活动结束后,各小组迅速投入到紧张而有序的数据整理之中。通过实地调查,同学们对植物识别、物种多样性、生态系统等有了更深入的了解,收获颇丰。同时,在观察和讨论中,学生们也产生了许多新的疑惑，如荒野中的薄荷和留兰香有何差异？鱼腥草明明是植物，为何会有鱼的味道？在指导老师的帮助下，他们借助相关工具书、网络资源等，认真统计所发现的物种种类和数量，并尝试解决各自的疑问。此外，各组还会将他们感兴趣的物种在校园内的生存现状标注出来，分析它们在生态系统中的生态位分布，弄清它们究竟是生产者、消费者还是分解者，以及它们之间如何相互依存、相互竞争。最终，小组协作完成考察数据的准确记录与整理，各组相互共享调查结果，共同完成最终的数据汇总。

2. 报告制作与展示

在完成数据汇总后，学生们依据任务要求，投入到热烈而深入的讨论之中。各组为了呈现出最终的优秀作品，充分发挥创意与才华。首先，选定汇报交流模式，或制作精美的海报展板，或制作幻灯片、视频，或撰写翔实的报告。随后，组长根据个人喜好和特长差异，再次给小组成员进行了细致的分工，明确每个人须负责完成部分的具体要求、完成的时间节点等。通过这样明确且合理的分工，每个学生都清晰地知晓自己的职责所在，保证小组项目的后续工作能够顺利推进。经过约 2 个小时的充分准备后，各组的最终汇报成果均已顺利完成。

通过抽签决定各小组汇报顺序后，各小组首先完成了班内的交流汇报。交流过程中，学生们认真听取了各组汇报者的解说。每个组的汇报基本涉及了以下几个方面：学习成果、实地调查结果汇总、发现的问题、解决方案初探、未来展望等。大多数汇报都以图文并茂的海报形式呈现出来，使听众能够直观地了解该组关注的核心内容。少数组别通过制作演示文稿展示了校园物种多样性的现状、存在的问题及改进措施，同时配以相关的数据和图片，增强了展示的说服力和吸引力，也提升了学生的演示文稿制作能力和演示能力。

班内汇报交流环节是本次活动最重要的一环。各组或全员上阵或选派代表，通过缜密的逻辑、流畅的语言，向听众阐述本组的汇报结果。听众在认真聆听的前提下，不仅主动学习他组的优点，还能及时发现存在的问题并给予指正，为后面几组同学的讲解提供了改进的方向。例如，开始时第一组女生因为紧张而出现演讲声音较小、讲解过程中背稿、不敢正视听众等问题，但在随后的几组交流中这些问题都得到了克服。在交流展示过程中，学生们还积极与听众进行互动，解答他组提出的问题。甚至当不同组别针对某些生态问题出现不谋而合的观点时，大家情不自禁地伸出大拇指相互鼓励。通过展示与交流，学生们不仅能够展示自己的成果，还能从他人的反馈中不断完善提案，提升自己的能力。这一环节培养了学生的反思能力和自我提升能力。最终，经过全体成员及老师的综合评价后选出最优秀的一组代表本项目参与学校级别的交流展示。可喜的是，在交流活动中，6 班和 7 班的汇报都很优秀，且各有侧重。就在大家感到难以抉择的时候，这两个组的同学提出了最佳解决方案：合二为一，将两份海报内容重新组合，相互补充，最终完美解决。

3. 评价与建议的收集

针对各组的研究成果，在交流展示阶段，依据评价量表，分别采取自评、小组互评、指导教师评价等相结合的方式进行评价（表 2-8）。选取表现优异的 1 组或 2 组参与校级评比，邀请师生参观，以提升全校师生的环保意识。被评定为优秀的作品后续会举办成果展览，向全校师生汇报他们的调查发现与充满智慧的保护设想，让更多人了解校园生态的奥秘，激发大家共同参与生态保护的热情。

表 2-8 "校园荒野"交流展示评价表

评分项目	分值	评价标准	分项权重	自评	组评	师评	得分
自然笔记/海报设计	20	具备科学性、准确性、美观性	20				
		具备科学性、准确性	15				
		只具备美观性	10				
		既不具备科学性，也无美观性	5				
海报汇报讲解	20	全面描述考察成果，语言流畅、声音洪亮	20				
		基本描述考察成果，语言流畅、声音洪亮	15				
		基本描述考察成果，但语言表达欠缺	10				
		无法准确描述考察成果	5				
总分（自评占 30%，组评占 30%，师评占 40%）							

四、成效亮点：意识能力与实践行动的知行共进

自生态科技实践项目实施以来，学生们在环保意识、实践行动、科研探究等方面均取得了显著成效，屡获佳绩。

（一）环保意识明显增强

最令人欣喜的是，通过参与项目，学生们的生态保护意识显著提升。他们

深刻认识到生物多样性保护的重要性。曾经他们对校园内的动植物并不关注，更不会刻意加以保护，而现在环保意识已然根植于学生的内心，他们会主动关心呵护校园里的一草一木、一虫一鸟，有的学生甚至自发组织了植物社团，定期巡查校园里植物的生长状况，为小鸟搭建巢穴、投放食物。在知识与实践技能方面，更是实现了双丰收。学生们通过亲身参与调查的每一个环节，从最初的懵懂生疏，到后来很多学生能够熟练掌握物种识别的技巧，能够分辨乡土物种与外来物种。部分学生在校园开放日活动中还主动承担起校园生物多样性讲解志愿者的角色。

（二）实践能力提升

通过校园荒野生物多样性调查的实地考察、数据分析、方案设计等活动，学生们充分锻炼了实践能力。他们能够在实际操作中深化理论知识，增强科研能力和团队协作能力。学生进入校园荒野区域，通过直接观察，记录不同物种的分布、数量和行为，这种第一手的数据收集方式有助于他们理解生物多样性。在观察过程中，学生学会了使用专业工具（如望远镜、显微镜等），实践技能得到了提升。实地考察使学生亲身体验到自然环境的脆弱性和生物的多样性，有助于培养他们对环境保护的责任感和意识。同时，在实地考察中，学生需要分组行动，共同完成任务，这要求他们学会分工合作、有效沟通，确保每个小组都能安全、高效地收集到所需数据。

（三）科研探究能力提升

很多学生掌握了科学探究的基本步骤。通过与校内外合作机构（如少科站、博物馆、辰山植物园等）开展诸多与生物、生态相关的课题研究，他们学会了如何精准收集各类生物数据，并初步开始学习运用专业软件进行深入分析。他们还能独立撰写逻辑严谨、内容翔实的科学报告，展现出超乎年龄的科研素养。这批学生中有许多参加了上海市或金山区组织的各类比赛，并获得了优异成绩。

（四）知行共进，行动力增强

项目不仅停留在理论学习层面，更通过实际行动（如生态修复、环境教育等）将知识转化为实践，实现了知行合一。依据调查结果，不少学生还关注到了目前荒野中存在的一些生态问题：生物入侵现象（加拿大一枝黄花泛滥、战斗港河道中的水葫芦和福寿螺数量骤增等）日益严峻；本土物种（如构树、乌桕）中也有一些因为繁殖力过于强劲而危害到其他物种生存的现象；精品果园中孤本植物梨树近年来饱受梨锈病的危害；刺毛虫对其他乔木的危害也不容小觑。对此，学生们开动脑筋，建言献策，提出了许多有建设性的改造方案。如适当优化调整校园绿化布局，引入更多乡土花卉，保证四季皆有花开，吸引蝴蝶、蜜蜂等昆虫过来；爱护鸟巢，制作并投放人工鸟巢，为更多鸟类提供适宜的栖息环境；开展生物防治病虫害等活动。校园内的生态教育氛围愈发浓厚，仿佛连空气中都充满了对大自然的敬畏与热爱。

五、思考延续：课程实施成果与长效机制构建

（一）课程实施成果总结

基于生态科技实践周的活动安排和设计，参与生物多样性调查对于宣传普及植物资源认识、激发师生爱绿护绿意识、关注生态大环境具有重要意义。在教学设计中，学生们分成多组同时参与实地调查校园绿地和荒野乡土物种的活动，并进行对比，相较于传统教学中学生仅从课本上学习理论知识，这种方式使学生更容易理解并深刻掌握科学研究的基本方法。学生能够从调查中发现问题，并尝试寻找解决问题的方法和途径，这不仅增强了学生的动手能力，也能提升其解决问题的能力。在小组分工合作中，我们倡导团队协作精神，帮助师生发现并挖掘那些具有领导潜能和策划能力的同学。具体总结如下。

1. 特色活动方案中紧密配合

"特色办"教师们精心设计活动方案，邀请相关学科专家为师生提供专业知识答疑解惑。活动过程中，授课教师及安全辅助教师全程陪伴，悉心指导学生实践操作。学生则以饱满的热情、无穷的创造力投入其中。三方紧密配合，汇聚成推动实践活动前进的强大合力。此外，校园场地得天独厚的便利性为项目实施提供了坚实保障，免去了长途跋涉的奔波，使学生能够随时随地投身于生态探究。

2. 生态环保意识显著增强

本专项活动紧扣"校园荒野"乡土物种多样性调查这一核心主题，将落脚点放在后续切实可行的生态保护策略制定上，力求构建一个从认知到实践的完整闭环。在调查维度上，全面涵盖了植物、动物、微生物这三大生物类别。调查内容具体详细且可操作性极强。

植物调查方面：不仅着眼于乡土植物种类识别，还细致入微地记录它们在校园内各个角落的分布情况，并重点关注其生长态势，如植株的高度、叶片的色泽、花期果期的表现等。这些细节反映了植物与校园生态环境的适应性。

动物调查方面:将目光聚焦于鸟类、昆虫等最为常见、与校园生活息息相关的类群。耐心观察它们的栖息之所,研究它们的觅食行为及食物来源偏好,并通过长期的数据记录来追踪种群动态,了解数量的增减变化趋势。

微生物层面:深入探究土壤微生物群落结构,剖析这些肉眼难见却至关重要的微小生命体如何影响植物根系的发育、养分的摄取,进而左右植物的生长状况。

调查活动未普及前,多数学生对学校的一草一木都略带陌生感,大多叫不出它们的名字,对常见物种更是知之甚少。但在整个活动过程中学生们积极性很高,每一个人都用心细致观察,遇到不懂的问题还会咨询其他同学和老师。学生发现景观绿地的物种丰富度、分布的均匀度等明显低于校园荒野,从而直观感受到人类活动对物种多样性产生的巨大影响。这增强了他们爱护环境、关注植物生存状况的决心和意识。在调查中,学生们还发现荒野中的昆虫资源也比校园绿地丰富很多,有喜爱昆虫的学生经常向大家介绍这些昆虫的名称、特征、生活习性等。大家对此也做了深入思考,一致认为植物资源的丰富和较少的人类活动的干预使得在微生态环境下其他物种的资源丰富度也有很大程度的提高,这些都为生物多样性提供了良好的基础。

3. 实践探究兴趣得到激发

学生们通过观察、触摸、研究、记录,实践了植物物种多样性的调查方法,掌握了植物样方法调查的基本技能。他们不仅了解了更多身边常见的物种资源,还通过查阅相关书籍和网络资源,关注到一些特殊的植物资源在人类生产、生活等各方面的重要价值。这增进了他们对物种多样性的感性认识,并激发他们自觉带动身边同学、家人加入保护生态环境、保护生物多样性的行列中来。对于户外的学习活动,学生们都表现出极高的意愿和接受度。实践出真知,通过亲手操作、小组讨论,许多深奥的理论知识变得更加容易理解,同时也培养了学生平时注意观察的好习惯。在植物多样性调查中,学生们在认识更多植物资源的同时,还发现校园绿地和荒野中的昆虫类资源存在显著差异。部分学生对此保持了长时间的浓厚兴趣,会利用课余时间自觉主动地去搜寻、观察、分享发现的资源,如获得“昆虫少年”之称的王茗珑同学。这些经历将成为他们未来学习和职业生涯中宝贵的财富。户外调查研究活动也拉近了师生之间的关系,让他们在更为和谐融洽的氛围中相互探讨交流,这种学习模式也有助于延伸至课堂教学,使教师更容易达成课堂教学的既定目标。

4. 发现问题、解决问题能力得到提升

调查中,学生们提出了各种不同的问题和建议,其中有些建议对学校的绿化建设很有意义。比如,适当增加植物品种(如常绿品种、花卉观赏类、果蔬类、不常见的类群等);对教室绿化布置进行主题式展示(如多肉类、观叶类、赏味类);按照季节特点,每个月重点介绍某种植物,帮助师生更容易了解植物的相关信息。此外,学生们还提出,荒野中目前的植物资源稍显凌乱,可考虑定期适当进行人为干预,引入科学的处理机制,尽早预防物种入侵等问题。这些问题在后续进一步研究中成了学生们的课题来源之一。

5. 自信心、表达能力得到提高

在展示汇报交流阶段,为了激发各小组成员积极参与的热情,我们采取了多样化评价措施,主要包括小组自评、小组互评、教师点评等,评出每个专题活动的优秀小组代表1组或2组。最终,在深入细致地完善汇报作品后,代表专题活动的小组参加全校的汇报,这不仅锻炼了学生的逻辑思维和语言表达能力,还极大地提高了学生的自信心和成就感。

(二) 经验反思与拓展优化

在收获成果的同时,我们也不得不正视存在的短板。由于调查时间紧密跟随教学安排,不可避免地受到学期节奏及时令的限制,使得对部分物种的观测限于季节更替难以充分展开。一些在寒冷季节才展露独特生态习性的物种被遗漏,一些仅在春夏出现的植物花卉、昆虫蝴蝶等数据也未能全部被采集,导致数据完整性稍有欠缺。再者,学生们尽管热情高涨、学习能力强,但毕竟专业知识储备有限。在面对复杂的数据、深奥的生态原理时,他们的深度分析能力略显不足,对生态问题的解决和进一步深入研究跟进也略显不足,这一定程度上制约了研究成果的水平。

这些挑战虽然影响了数据的完整性和研究的深度,但为学生们提供了成长的空间和未来发展的方向。未来,我们考虑将调查活动分散到多个学期或学年进行,以覆盖不同季节的物种活动期。或设立长期监测站点,利用课余时间或假期进行持续观测。同时,整合校园或周边地区的已有生物多样性数据,及时增补到当前调查中的缺失部分。鼓励项目爱好者学生自发组成小组,针对不同季节进行专项观测,形成互补。此外,还可以鼓励学生与其他学科(如湿地的奥秘、水质监测等)的学生合作,共同解决生态环保中的问题。通过跨学科项目,拓宽学生的知识视野和解决问题的能力。基于初步调查结果,设立后续研究项目,鼓励更多学生参与校内外科研论文撰写,将研究成果推向更高层次。

第二节 “探秘湿地”:基于校园湿地的探索与未来展望

一、背景:教育转型背景下的湿地资源价值挖掘

在全球化浪潮与科技飞速发展的当下,教育领域正经历着前所未有的深刻变革。传统的单一学科教学模式已难以满足培养全面发展、适应未来社会人才的需求。在此背景下,跨学科项目化学习逐渐成为教育领域的重要探索方向。它打破了学科间的壁垒,将不同学科的知识有机融合,使学生在真实情境中解决复杂问题,从而有效提升学生的综合素养,如批判性思维、沟通协作能力、创新能力等。这一教学模式契合现代社会对人才多元化能力的要求,因此受到了广泛的关注。

湿地,这一地球上独特且至关重要的生态系统,素有“地球之肾”的美誉。它不仅为众多珍稀动植物提供了栖息繁衍的家园,维持着生物多样性,还在净化水体、调节气候、防洪抗旱等方面发挥着不可替代的作用。湿地丰富而独特的生态资源为教育提供了天然的优质素材。然而,随着城市化进程的加速和人类活动的扩张,湿地正面临着诸多严峻挑战,如面积缩减、生态功能退化、生物多样性减少等。

对于学校教育而言,校园内丰富的湿地资源为开展相关学习活动提供了得天独厚的条件。以上海师大二附中校园内的战斗港河为例,这条河流贯穿校园,拥有多样的水生物和复杂的生态环境。河水的流动不仅带动了物质循环,还为周边的植物提供了充足的水源,形成了独特的河岸生态系统。河岸两侧生长着各类湿生植物,如芦苇、菖蒲等,它们不仅为水生动物提供了栖息地,还能有效净化空气和土壤。同时,战斗港河也是众多鸟类的觅食和停歇之地,每到迁徙季节,便能看到各种候鸟在此停留,为校园增添了无限生机与活力。

校园人工湿地是学校为了优化校园生态环境、开展生态教育而特意打造的,同样具有重要的教育价值。人工湿地通过合理的设计和植物配置,模拟了自然湿地的生态功能。其中,人工湿地内种植了大量具有净化能力的水生植物,如睡莲等,这些植物能够吸收水中的有害物质,起到净化水体的作用。此外,人工湿地还设置了浅水区、深水区、沼泽区等不同的生态区域,为不同种类的生物提供了适宜的生存环境,使其成为一个小型的生态科普基地。

生态鱼池是校园湿地资源的重要组成部分。它是一个相对独立的水生生态系统,里面养殖着鲫鱼、鲤鱼等多种鱼类。生态鱼池通过巧妙的设计,实现了水体的循环和自净。池中的水生植物不仅为鱼类提供了食物和栖息场所,还能调节水体的酸碱度和溶解氧含量。同时,生态鱼池周边还设置了观察台和科普展板,方便学生近距离观察鱼类的生活习性,了解水生生态系统的运作原理。

将湿地知识融入教育,开展以湿地为主题的跨学科项目化学习具有重要的现实意义。一方面,可以让学生深入了解湿地生态系统,增强他们对自然环境的认知与保护意识;另一方面,跨学科项目化学习的方式,可以培养学生综合运用多学科知识解决实际问题的能力,为他们未来参与生态保护和可持续开展相关工作奠定坚实基础。学校开展的"探秘湿地"课程正是顺应了这一教育趋势,充分利用校园内丰富的湿地资源,引导学生在探秘湿地的过程中实现知识学习与能力提升的有机结合。

二、主题设计:湿地生态系统认知与跨学科实践框架

(一) A1 级别:校园湿地生态系统认识与海报制作

A1 级别课程将焦点汇聚于校园湿地生态系统的基础认知领域,把制作校园湿地生态系统海报设定为核心成果输出形式。此阶段的关键目标在于引领学生初步认知校园内的战斗港河、校园人工湿地、生态鱼池等重要湿地资源,助力学生搭建起关于湿地生态系统的基础认知架构。

从知识学习维度来看,学生需要扎实掌握湿地的基本定义,明晰其区别于其他生态系统的显著特征。对于常见的湿地生物种类,学生不仅要能识别,还应了解它们在生态系统中的不同角色和生存需求。深入探究校园湿地生态系统的构成要素是这一阶段的重要任务,其中包括独特的地形地貌,如战斗港河的河岸坡度、人工湿地的地势起伏;不同类型的土壤及其质地、成分对湿地植物生长的影响;水体的特征,涵盖水流速度、水位变化、水质状况等;多样的植被,包括植物的种类、分布范围、生长习性等。

以战斗港河为例,学生要深入了解其水流特点,包括判断水流是相对匀速、平缓地流淌还是存在一定的流速变化,因为这对河水中的溶解氧含量和营养物质输送有着重要影响。此外,河岸植被类型多样,不同植物的根系能够稳固河岸土壤,防止水土流失,而其枝叶还为鸟类、昆虫等生物提供栖息和觅食场所。这些因素相互交织、相互作用,共同为湿地生物营造出适宜的生存环境。通过实地观察、教师系统讲解和广泛查阅资料等多元方式,学生能够深入认识湿地

生态系统中各要素之间复杂的相互关系，切实理解生物与非生物环境之间相互依存、相互制约的紧密联系。

在能力培养方面，重点在于提升学生多方面的关键能力。观察能力的培养至关重要，在实地观察校园湿地时，学生需要细致入微地观察湿地生物的形态特征，如鱼类的体形、颜色、斑纹，鸟类的羽毛颜色、喙的形状；深入了解它们的生活习性，包括觅食时间、繁殖方式、栖息偏好等。同时，学生还需要认真记录湿地的各类环境数据，如水位的周期性变化、水质的酸碱度、溶解氧含量等，这些数据对于分析湿地生态系统的健康状况具有重要意义。

信息收集与整理能力也是培养的重点。在收集资料过程中，学生要学会从海量的信息源中筛选出与校园湿地生态系统相关的有用信息，通过图书馆书籍查阅、网络资源检索和向专业人士咨询等途径获取信息，并运用归纳、分类等方法整理信息，提取关键知识点，构建自己的知识体系。

制作海报是锻炼学生能力的重要实践环节，这要求学生将所学的湿地知识以图文并茂的形式生动呈现出来，能极大地锻炼他们的创意表达和视觉设计能力。学生需要运用绘画技巧，将湿地生物的形态、湿地景观的特色栩栩如生地展现出来；通过巧妙的文字排版，准确传达湿地知识和生态价值；利用图片处理技术，如裁剪、调色等，增强海报的视觉冲击力。

在课程实施过程中，教师发挥着关键的引导作用。首先，教师带领学生深入校园湿地进行实地考察，在考察过程中不断引导学生从不同角度观察湿地的各个方面，提醒学生关注容易被忽视的细节，并指导学生进行详细记录，培养其科学的观察和记录习惯。

在理论讲解环节，教师紧密结合实地观察的内容，深入浅出地阐述湿地生态系统的知识。通过案例分析、对比讲解等方式，帮助学生理解复杂的概念和关系，将感性认识上升为理性认识。

之后，学生以小组形式分组进行海报制作。在小组讨论中，学生们积极交流，共同探讨海报的主题是突出湿地的生态保护意义，还是展现湿地的自然之美；确定海报的内容，选取最具代表性的湿地生物和生态现象进行呈现；研究海报的设计风格是采用写实风格、卡通风格还是抽象风格。

在制作过程中，学生充分发挥各自的优势，运用绘画、文字排版、图片处理等技能，突出校园湿地的特色和生态价值。他们精心绘制战斗港河的美丽风光，展现其清澈的河水、摇曳的水草和穿梭其中的鱼类；生动描绘人工湿地的净化功能，通过示意图展示污水在湿地中的净化过程；细致呈现生态鱼池的生物多样性，将池中的各种鱼类和水生植物生动展现出来，让观者能够直观感受到校园湿地的魅力和重要价值。

（二）A2 级别：基于 A1 基础的湿地公园模型设计

A2 级别课程作为 A1 级别基础上的深化与拓展，对学生的知识运用和综合能力提出了更为严格的要求。此阶段以设计湿地公园模型为核心任务，旨在深度挖掘学生跨学科知识融合运用、项目规划与实施、创新思维等关键能力，助力学生在湿地生态系统学习领域实现质的飞跃。

在知识运用层面，学生面临着多学科知识交织运用的挑战与机遇。地理知识成为剖析湿地地形地貌特征的有力工具，学生须精准把握地势的起伏变化、水流的自然走向及汇聚区域的分布规律，并将这些要素巧妙地融入模型构建中，塑造出符合自然规律的湿地地形，为后续生物栖息和景观布局提供基础框架。

生物知识在这一过程中发挥着关键作用。学生须依据对校园湿地生物的深入了解，筛选出适宜的湿地植物和动物种类。他们须考虑不同生物的生态习性、食物链关系及共生需求，构建起一个结构合理、功能完善的生态群落。例如，精心选择芦苇、菖蒲等湿地植物，为鱼类、鸟类等提供食物和栖息场所，模拟真实湿地生态系统中的生物互动关系，展现生物多样性的魅力。

美术知识则赋予模型独特的审美价值和艺术感染力。学生需要运用色彩搭配的原理，选择与湿地自然景观相契合的色调，营造出宁静、和谐的氛围；通过精心规划景观布局，巧妙安排湿地植物、动物及人造设施的位置，打造出既美观又富有层次感的湿地景观；运用透视和构图技巧，使模型呈现出逼真的空间感，让观赏者仿佛身临其境。

工程知识是确保模型稳定性和功能性的重要支撑。在材料选择上，学生需要权衡各种材料的特性，如 KT 板的轻便性、硬纸板的坚固性，选择最适合搭建模型基础结构的材料；对于细节部分，超轻黏土因其可塑性强而成为塑造地形地貌、动植物的理想材料。此外，学生还需要运用工程力学原理，优化模型的结构设计，确保模型在展示过程中能够稳固摆放，承受一定外力而不被损坏。

在项目实施进程中，小组协作成为推动工作进展的核心力量。各小组基于 A1 阶段对校园湿地的认知，结合自身对湿地公园的独特设想，开启模型设计的规划之旅。他们首先要明确湿地公园的主题和功能定位，这一决策将主导整个模型的设计方向。若定位为生态保护型，小组会将重点放在湿地生态系统的完整性和生物多样性保护上；若选择科普教育型，则会突出科普展示区的设计，设置丰富的解说标识和互动装置；若定位为休闲娱乐型的湿地公园模型，则会更注重游客活动区的规划，打造舒适宜人的休闲空间。

依据功能定位，小组进一步细致规划了公园的各个区域。在湿地保护区，他们尽量模拟自然湿地环境，严格控制人类活动的干扰，以维护湿地的原生态；科普展示区则通过精心设计的展板、生动形象的模型等，全面展示湿地生态知识，普及环保理念；游客活动区则设置了合理的步道、观景台等设施，确保游客在不破坏湿地生态的前提下能够充分领略湿地的美景，享受亲近自然的乐趣。在设计过程中，学生始终将湿地生态系统的完整性和可持续性放在首位，致力于实现人类活动与湿地保护的和谐共生。

模型制作环节是将设计蓝图转化为实物的关键步骤。学生根据设计方案，有条不紊地选择和运用材料。他们利用 KT 板和硬纸板搭建起模型的基本框架，明确各个区域的位置和边界；使用超轻黏土精心塑造地形地貌，模拟湿地的山丘、洼地、河流等自然形态，同时塑造出栩栩如生的动植物形象；通过颜料上色，为模型增添真实感和美观度，还原湿地的四季色彩变化，使模型更加生动逼真。

在制作过程中，学生不可避免会遇到各种问题。面对材料使用不当的情况，他们通过不断尝试和调整，找到了最适合的材料组合和使用方法；针对模型结构不稳定的问题，他们运用工程知识进行加固和优化；当生态功能体现不明显时，学生深入研究生物和地理知识，调整生物群落的布局和环境设置，增强模型对湿地生态功能的展示效果。

在模型设计中，学生的创新思维得到了充分鼓励和发挥。他们积极融入独特的创意和理念，为湿地公园模型注入新的活力。他们将校园文化元素巧妙地融入设计之中，把校园的标志性建筑以微缩景观的形式融入湿地，或者将校园的历史文化故事通过雕塑、壁画等形式在公园中展示，打造出了具有浓厚校园特色的湿地景观。同时，他们还结合科技元素，设计了智能监测系统，利用电子元件和编程知识，模拟对湿地生态的实时监测，展示水位、水质、生物活动等数据，充分体现了对湿地保护的科技支持。

通过这样全面而深入的设计与制作过程，学生对湿地生态系统的理解达到了新的高度，同时在实践中锻炼了综合素养，提升了解决实际问题的能力。这一课程经历为学生未来在生态保护、景观设计、环境科学等相关领域的学习和工作奠定了坚实的基础，使他们能够更好地适应未来社会对复合型人才的需求。

三、实施步骤:分组协作与难题攻克的推进策略

（一）A1 课程：校园湿地探索与生态认知之旅

A1 课程秉承理论与实践深度融合的教学理念,致力于使学生全面了解湿地知识,培养学生的观察、分析、协作、表达等多重能力,并增强学生的生态保护意识。课程精心规划了知识讲解、实地考察、海报创作与成果展示四个核心环节,各环节相互衔接、逐步深入,引领学生探索校园湿地的奥秘。

在湿地知识讲解环节,教师充分利用多样化的教学资源,帮助学生构建系统的湿地知识体系。通过高清图片、实物标本(若条件允许)及生动有趣的科普动画,教师深入浅出地阐述湿地的定义,特别强调了湿地具有的常年或季节性积水区域、特色湿生植物群落、独特土壤质地等显著特征。为加深学生对湿地定义的理解,教师巧妙地展示不同场景的图片,引导学生依据所学知识判断其是否属于湿地范畴。这种互动式的教学方法有效激发了学生的思维,增强了他们对湿地概念的理解。

在讲解湿地功效时,教师借助水质监测数据图表、不同季节鸟类在湿地栖息的照片等直观材料,从生态、社会、经济等多个角度进行详细阐述。在生态功效方面,教师详细讲解了水生植物根系如何吸附重金属离子、微生物如何分解有机污染物,从而实现净化污水的功能;通过展示鸟类栖息照片,生动阐述了湿地作为生物栖息地和迁徙中转站,在维持生物多样性方面的重要意义。在社会功效上,教师结合实际案例,讲述了在湿地周边开展散步、写生、社团活动等情况,强调了湿地为人们提供休闲娱乐与文化教育的功能,提升了居民的幸福感与知识水平。从经济功效角度出发,教师探讨了湿地蕴含的潜在经济价值,如在保护的前提下,合理规划乡土生态园湿地部分区域种植特色水生经济作物,可作为生物材料或商品,分析湿地合理维护后在减少洪涝灾害损失、降低雨水处理成本等方面所带来的经济效益。

教师还向学生介绍了校园湿地配备的智能监测设备,如水位传感器、气象站等,详细阐述了这些设备如何实时采集数据,以及这些数据在辅助湿地生态研究、为保护决策提供依据方面发挥的关键作用。这使学生深刻理解了科技在湿地保护中的重要意义,感受到了科技与生态保护的紧密结合。

实地考察环节注重培养学生的实践能力和团队协作精神。教师按照性格、能力互补的原则,将学生分成 4—6 人的小组,并通过民主推选的方式确定组长,明确组长负责组织协调小组活动、沟通反馈小组情况的职责。各小组围绕

“校园湿地生态探秘”这一主题，结合之前所学的理论知识，深入讨论并制订详细的考察方案。在考察路线规划上，确保覆盖战斗港河与乡土生态园湿地的关键区域，以全面了解湿地生态；考察内容细致入微，涵盖植物种类识别、动物踪迹探寻、水质采样等多个方面；同时明确记录员、摄影师、采样员等人员分工，确保考察工作有条不紊地进行。在制订方案过程中，教师巡回指导，对各小组的方案进行审核和完善，确保方案的可行性和科学性。

在实地考察阶段，各小组严格按照既定方案有条不紊地开展工作。记录员认真翔实地记录考察过程中的各项信息，包括植物的生长状态、动物的活动迹象、水质的相关数据等；摄影师则从多个角度捕捉河流全貌、水生植物分布、动物活动的瞬间等珍贵影像资料，为后续分析提供了直观的素材。小组成员通力合作，对照植物图鉴识别沿岸湿生植物，确定其名称、种类，并仔细观察其生长形态、花期果期，详细记录其分布范围与生长环境特点；同时，他们留意观察水中鱼类、两栖动物的活动迹象，寻找河岸带鸟类巢穴、兽穴等，据此推测动物的栖息习性与生态位。此外，成员们还监测了园内人工生态设施的运行情况，如雨水收集池、生态步道、科普展示牌等，并深入思考这些设施对湿地生态保护与公众教育的作用。

考察结束后，各小组返回教室，利用 15 分钟的时间对考察资料进行系统整理，包括数据汇总、图片筛选、标本整理（如有）等工作，并梳理考察过程中的发现与疑惑。随后，每组选派代表用 10 分钟的时间进行考察成果汇报。通过展示考察照片、数据图表、手绘地图等资料，他们重点阐述了战斗港河与乡土生态园湿地的生态特色、发现的生态问题（如部分区域植被破坏、水质被污染等）及对湿地智慧生态系统的新认识。台下小组积极提问互动，形成了良好的交流氛围。教师对各小组的汇报进行点评总结，补充遗漏的知识点，解答了共性问题，并引导学生深入思考湿地生态系统的整体性与保护策略，进一步深化学生对湿地生态的理解。

海报创作环节旨在锻炼学生的创意表达和团队协作能力。教师首先展示国内外优秀的生态主题海报，从主题表达的准确性与深刻性、构图设计的合理性与美观性、色彩搭配的协调性与感染力等方面引导学生进行赏析，帮助学生汲取创意灵感。各小组围绕“校园湿地魅力”“守护校园湿地家园”等主题，结合实地考察成果和个人对湿地的理解，开展头脑风暴，讨论海报设计创意。有的小组突出战斗港河湿地独特的水净化过程，通过生动的画面展示污水如何在湿地中逐步净化；有的小组则聚焦乡土生态园湿地丰富的生物多样性，以拼图的形式呈现各种珍稀动植物。在确定创意后，小组对海报整体布局进行规划，初步拟定了标题、副标题、宣传标语等文案内容。

在制作过程中，小组成员分工协作，充分发挥各自的优势。有的成员负责精心绘制湿地地图，准确展示湿地生态景观与功能原理；有的成员则添加创意元素，将校园标志性建筑与湿地生物剪影巧妙融合，象征校园与湿地的和谐共生；还有的成员设计了互动二维码，链接到精心制作的湿地科普知识网页，拓展了海报的信息量。教师在学生制作过程中巡回指导，及时解决学生遇到的技术难题，如绘图技巧、文字排版问题等；同时，帮助学生突破创意瓶颈，鼓励各小组之间交流借鉴，不断优化海报设计，使海报既具有科学性，又富有艺术感染力。

成果展示环节是课程的重要阶段，为学生提供了展示自我的平台，同时促进学生之间的学习与交流。各小组将精心制作的海报张贴展示，每组选派 1 名或 2 名成员担任“湿地小导游”。他们以生动有趣的方式讲解海报的设计理念、展示的湿地知识亮点、创意来源，同时分享了考察过程中的趣事与感悟，让观众仿佛身临其境，更深入地了解校园湿地的魅力。

为了进一步激发学生的积极性和创造力，课程组织了投票活动，评选出“最佳创意海报奖”和“最具科学内涵海报奖”。获奖作品代表课程参加了年级展示。这种评价方式不仅增强了学生的竞争意识，更重要的是促进了学生对湿地知识的理解，提升了他们的表达能力，让学生在相互学习中不断进步，深化学生对湿地生态系统的认知，同时也为校园营造了浓厚的生态保护文化氛围。

（二）A2 课程：湿地公园模型设计的深度实践与创新探索

A2 课程作为 A1 课程的进阶拓展，致力于培养学生更高层次的综合能力与创新思维。课程实施之初便对 33 名学生进行了科学、合理的分组，共分为 7 个小组，并实行组长负责制。在分组过程中，充分考虑了学生的性格特点、学科优势和能力差异，旨在构建每个小组多元化的能力结构，从而促进小组内部的优势互补与高效协作。不同性格的学生相互搭配，能够在沟通交流和团队协作中碰撞出思维的火花；学科优势各异的学生组合在一起，可从不同学科视角为项目提供思路和方法；能力层次不同的学生相互协作，有助于实现共同成长与共同进步。

在入项环节，教师通过清晰明确的指导，为学生的学习之旅指明了方向。教师向学生详细阐述了学习任务，让学生明确本次课程旨在设计并制作出具有科学性、创新性且能体现人地协调观的湿地公园模型。同时，教师展示了涵盖多个维度的评价量表，该量表全面且细致，包括：模型的科学性，即对湿地生态系统构成要素和功能的准确呈现;美观性,涉及色彩搭配、景观布局的和谐与美观;创新性,考量模型是否具备独特、新颖的设计理念和创意元素;团队协作,关注小组内成员的分工协作效率和沟通效果;对人地协调观的体现,即模型是否展现出人类与湿地和谐共生的关系。这一评价量表为学生的学习和作品制作提供了清晰的方向指引,使学生在项目推进过程中有章可循、有据可依。

各小组依据任务要求展开了热烈且深入的讨论,并进行了细致、合理的分工。以第一组为例,经过充分的交流与协商,组长根据每位成员的特长和能力进行了精准的任务分配:"小李,你平时对植物知识很感兴趣,也善于查找资料,就负责查找湿地植物的相关资料,深入了解不同植物的生长习性和分布特点,这对我们准确呈现湿地生态非常重要;小王和小张,你俩在空间设计和规划方面有想法,一起设计我们组湿地公园的布局,要综合考虑地形、水流和植物的分布,确保布局既科学合理又美观实用;其他人负责收集制作模型的材料,以及协助完成后续的模型制作工作。大家齐心协力,争取做出一个优秀的作品。"这样明确且合理的分工让每个学生都能清楚自己的职责、发挥自身优势,为后续小组项目的顺利推进打下基础。

在项目实施过程中,教师扮演着重要的多重角色,他们既是知识的引导者,为学生答疑解惑、指引方向,也是情感的激励者,激发学生的学习热情和创造力,还是学习过程的监督者,确保项目有序进行。当看到第二组的作品初步搭建起框架时,教师敏锐地捕捉到其中的亮点,及时给予肯定:"第二组的同学们,你们的框架搭建得很不错,很有创意,充分考虑到了湿地的整体结构和功能分区。如果能再完善一下细节,比如进一步细化湿地植物的种类和分布,让不同区域的植物更加符合其实际生长环境,那就更好了。"教师的鼓励如同强心剂,让学生备受鼓舞。他们以更高的热情和更积极的态度投入作品的完善中,做到了精益求精。

当第五组同学在制作过程中遭遇难题,不知如何表现湿地的生态功能时,教师耐心地引导:"同学们,我们之前学习过生物和地理知识,大家不妨回想一下,湿地具备哪些生态功能呢?又该如何通过模型将这些功能生动地展现出来呢?比如,净化水体功能,我们可以用特殊的材料来模拟湿地的过滤过程,像活性炭就具有很好的吸附作用,可以用来模拟湿地土壤对污水中杂质的吸附;调节气候功能,则可以从植被覆盖和水域面积的角度去构思,植被覆盖率高的区域气温相对较低,水域面积大则能增加空气湿度。大家可以大胆尝试用不同的材料和方法来展现这些功能。"在教师的启发下,第五组同学展开了热烈的讨论，他们积极尝试，用各种材料和方法来探索湿地的生态功能表现方式。经过多次试验和调整，他们最终选定了用活性炭颗粒来模拟湿地土壤对污水的净化作用，并通过调整模型中水域和植被的比例，巧妙地实现了调节气候的功能，成功解决了这一难题。

教师时刻关注着学生的学习状态，对学生的学习情况进行全面监督。当发现第三组有同学分心玩手机时，教师采用了巧妙的管理策略，通过组长进行沟通："组长，你们组的这位同学负责的任务是什么呀？咱们这个作品需要大家齐心协力才能完成，你要组织好组员，确保每个人都能全身心投入自己的任务中。"组长收到提醒后，立刻意识到问题的严重性，以恰当的方式督促该同学迅速投入任务中。这种通过组长管理的方式既维护了学生的自尊心，避免了直接批评可能带来的负面情绪，又有效保证了学习秩序和项目进度，确保项目能够顺利推进。

在制作湿地公园模型的过程中，学生们面临着诸多挑战。在体现湿地生态功能方面，如净化水体、调节气候等，学生需要深入理解相关的生物和地理原理，并将这些抽象的知识转化为具体的模型设计。为了准确表现湿地净化水体的功能，学生们进行了大量的探索和尝试。他们尝试用不同材料模拟湿地的过滤层，如棉花、海绵、活性炭等，经过多次试验，对比不同材料的效果，最终选定了活性炭和砂石组合的方式。这种组合方式能够较为直观地展示污水在湿地中经过层层过滤得到净化的过程。同时，在确保模型科学性与美观性的平衡上，学生们也费尽心思。在设计湿地景观时，他们力求模型既符合科学事实，准确呈现湿地生态系统的结构和功能，又具备较高的观赏性，给人以美的享受。为此，他们不断调整植物的布局和颜色搭配，参考真实湿地的照片、优秀景观的设计案例，并请教老师和同学，逐步优化模型的设计，使模型在呈现科学内容的同时更具艺术美感。

不同小组的学生充分发挥各自的创意，设计出了各具特色的湿地公园模型。第一组展示的北滩生态植物园以 KT 板作为稳固的底座，用超轻黏土精心制作了湿地的基本组成部分，包括流动的水域、形态各异的动植物、错落有致的建筑等。整个模型简洁明了，重点突出了湿地的生态功能和丰富多样的植物景观，让人一眼就能感受到湿地的生机与活力。第五组展示的鲸尾湿地公园别出心裁地将湿地位置设定在河流入海口，将整个湿地形状设计成独特的鲸尾状。从入口处进入，依次设有功能齐全的游客中心、充满知识氛围的湿地科普馆、专注科研的科研区、趣味十足的游客体验区、舒适惬意的休闲区等。该模型功能的完善，充分展现了学生对湿地综合利用的深入思考和创新规划。第六组展示的曼巴湿地大胆地融入了体育元素，设有篮球场、象征知名篮球运动员科比·布莱恩特的24号游船，还有寓意独特的醉翁亭（寓意“醉翁之意不在酒，而在科比”）。整个模型充满创意，体现了学生独特的兴趣和丰富的想象力，将体育文化与湿地景观巧妙融合。最后一组展示的绿色心情湿地以广阔的水域为主，草地和水域相互映衬、交相呼应。组长介绍说：“我们将其命名为绿色心情，希望大家漫步在这块湿地时，看着优美的景色、呼吸着新鲜的空气，都能获得一份宁静愉悦的好心情。我们在制作过程中非常用心，每一块岩石、每一株小草都是一个一个精心捏出来的，力求展现出最真实、最美的湿地景观。”这些风格迥异的模型充分展示了学生们的创新思维和实践能力，也体现了他们对湿地生态系统的独特理解和诠释。

四、成效亮点：跨学科思维与生态责任感的建构

（一）A1课程：探索校园湿地，收获知识，提升能力与担当意识

“校园湿地智慧生态系统解码”课程成效显著，在学生知识掌握、能力提升、素养培育等方面均展现出突出亮点，同时获得了外界的广泛认可，对校园生态文明建设起到了积极的推动作用。

知识理解与运用深化：学生深入掌握了湿地的科学定义和基本特征，能够清晰阐述常年或季节性积水区域、特色湿生植物群落、独特土壤质地等关键要素。他们对湿地在生态、社会、经济等领域的多元功效有着深刻的理解，如能借助水质监测数据图表，详细解释水生植物根系如何吸附重金属离子、微生物如何分解有机污染物以实现净化污水的功能；通过不同季节鸟类在湿地栖息的照片，阐述湿地对于维持生物多样性的重要意义。在实地考察和海报创作中，学生将理论知识与实际相结合，能够运用所学知识分析校园湿地生态特色，发现并尝试解决部分区域植被破坏、水质污染等生态问题，知识运用能力得到了显著提升。

实践与协作能力增强：在课程实施过程中，学生的实践操作能力得到了全方位的锻炼。实地考察时，学生熟练运用实地调查、资料检索、数据分析等技能，学会识别沿岸湿生植物，对照植物图鉴确定其名称、种类，观察其生长形态、花期果期等；通过留意水中鱼类、两栖动物的活动迹象，寻找河岸带鸟类巢穴、兽穴，推测动物的栖息习性与生态位，提升了观察和记录能力。在海报创作环节，学生掌握了绘图、海报制作等技能，学会了运用信息技术手段辅助研究湿地

生态，如设计互动二维码链接湿地科普知识网页。在小组合作中，成员间分工明确，共同完成考察方案制定、海报创意构思与制作等任务，沟通协作能力得到了有效培养，同时学会了在团队中发挥自身优势，共同攻克难题。

创新与表达能力提升：海报创作阶段充分激发了学生的创新思维。各小组围绕“校园湿地魅力”等主题，结合实地考察成果，从独特视角出发，确定了要突出展示的湿地功能亮点，如战斗港河湿地的水净化动态过程、乡土生态园湿地的生物多样性拼图等。在海报设计中，学生添加了创意元素，将校园标志性建筑与湿地生物剪影相融合，象征着校园与湿地的和谐共生，展现出了丰富的想象力和创新精神。在成果展示环节，学生担任“湿地小导游”，生动阐述海报的设计理念、知识亮点、创意来源，分享考察趣事和感悟，他们表达清晰流畅，声音洪亮，语态自然，能够用生动的图文和精彩的讲解展现复杂的湿地生态知识。

生态意识与责任感强化：课程筑牢学生保护校园湿地生态的意识，使他们深切领悟到湿地对校园生态平衡、师生生活品质提升的关键意义。学生深刻认识到湿地不仅是自然景观，更是生态系统的重要组成部分，他们积极关注校园湿地生态问题。课程培育了学生关爱自然、敬畏生命的人文情怀，激发了他们主动参与校园生态保护行动的责任感。不少学生在课程结束后主动参与湿地保护志愿者行动，为校园湿地优化管理建言献策，将生态保护意识转化为实际行动。

课程成果获得认可：课程在成果展示中获得了广泛好评，评选出的“最佳创意海报奖”和“最具科学内涵海报奖”代表课程参加了年级范围的展示，得到了其他师生的高度认可。这不仅是对学生努力的肯定，也是对课程教学效果的有力证明。课程成果展示成为校园生态文明建设的亮点，吸引了更多学生关注湿地保护，营造了良好的校园生态文化氛围，对推动校园生态保护工作起到了积极作用。

（二）A2 课程：解锁学生多元能力与创意密码

从学生的投入程度及作品完成情况来看，“探秘湿地”课程取得了极为显著的成效。在整个课程推进过程中，学生们积极参与，展现出了浓厚的学习兴趣与高度的热情。无论是进行实地考察、查阅相关资料，还是开展小组讨论、制作湿地模型，学生们都全情投入，主动探索湿地的无尽奥秘。

通过亲手制作湿地公园模型，学生们深入理解了湿地的相关知识，并实现了多学科知识的有效融合与灵活运用。在地理知识方面，学生们学会了如何分析湿地的地形地貌特征，如地势的起伏、水流的走向对湿地生态的影响，并能在模型中准确呈现这些特征。在生物知识方面，学生们掌握了湿地生物的种类、生态习性及它们之间的相互关系，从而能够合理选择和布置模型中的动植物。同时，美术知识也在模型制作过程中得到了充分运用，学生们通过色彩搭配、造型设计等手段，提升了模型的美观度与艺术性。例如，在设计湿地植物景观时，学生们巧妙运用美术中的构图和色彩原理，使植物分布更加自然美观，同时结合生物知识，确保植物种类和生长环境的合理性。

此课程有效培养了学生的多种能力。在问题解决能力方面，面对模型制作过程中出现的各种难题，例如如何更好地体现湿地生态功能、如何优化模型结构等，学生们通过查阅资料、小组讨论、试验尝试等方式，积极寻找解决方案，从而锻炼了应对复杂问题的能力。团队协作能力也得到了显著提升，小组内成员分工明确、相互配合，共同完成了项目任务。在沟通协作过程中，学生们学会了倾听他人意见，发挥各自优势，有效提高了团队的整体效率。此外，创新思维能力同样得到了发展，学生们在模型设计中融入了独特的创意和想法，如融入体育元素、文化元素等，使得每个模型都各具特色，充分展现了学生们丰富的想象力和创新精神。

在作品展示与评价环节，课程的亮点得到了充分体现。评价贯穿了学习的全过程，从课程开始，学生们就明确了学习任务和评价规则，并通过评价量表来引导学习方向。每组展示后，先进行自评，学生们能够客观地分析自己作品的优点和不足，如第二组在自评时说道："我们觉得我们的作品在体现湿地生态功能方面做得还不错，但是在美观度上还有所欠缺。"接着，接受其他组的评价，这种互评方式让学生们能够从不同角度审视作品，学习他人的优点。第三组对第五组的评价是："第五组的鲸尾湿地公园设计得很全面，但是细节略显不足，就像是毛坯房。"第四组对第六组的评价则是："第六组的曼巴湿地融入了独特的体育元素，很有创意，但是湿地的整体框架不足，就像是精装修的两间房间。"通过自评和互评，学生们不断完善自己的作品，提升了批判性思维和表达能力。

课程采用了小组合作模式，以任务驱动学生们积极参与。小组根据任务进行讨论分工，每个成员都明确自身任务，只有共同努力才能完成小组作品。在湿地模型制作过程中，负责查找资料的学生认真收集信息，为模型设计提供科学依据；负责设计布局的学生精心规划，确保模型的合理性和美观性；负责实际制作的学生则发挥动手能力，将设计方案转化为实物模型。这种方式有效培养了学生的责任感，促使他们积极履行自己的职责，共同推动项目进展。

教师在项目实施过程中注重情感激励，这对学生产生了积极影响。教师积极发现各小组的亮点并给予真诚赞美，如“你们小组好有创意啊”，让学生们感受到他们的努力和创意被认可，从而激发他们的学习兴趣和创造力。对于个别偷懒的学生，教师并不直接批评，而是通过组长进行督促，同时及时表扬那些“迷途知返”的同学。这种方式有效维护了学生的自尊心，使得所有学生都能积极投入学习中。当看到某个小组的创意设计后，教师及时给予肯定，整个小组会更有动力继续完善作品；而偷懒的学生在组长的督促和教师的鼓励下，也能重新投入学习。

在展示评价环节，面对“鲸尾湿地公园”“曼巴湿地”“绿色心情湿地”三幅优秀且难分高下的作品，师生共同协作解决问题。教师提出了将几幅作品融合的想法，得到了学生们的赞同。最终，这三个组的作品以融合的形式代表课程在年级进行展示。这既体现了师生在课程中的紧密合作，共同为学生创造了更多展示机会，也展示了师生在面对问题时的智慧和灵活性。

课程展示获得了一等奖，这是对学生和教师努力的高度肯定，也充分证明了课程设计与实施的有效性。这一成果不仅提升了学生的自信心和成就感，还为后续的课程开展提供了宝贵经验和积极范例。

五、思考延续：深化与完善结合的可持续发展策略

（一）知识融合待深化，专家指导促探究

在本次以湿地为主题的跨学科项目化课程实施过程中，我们取得了一定成果，学生在知识学习、能力提升、情感培养等方面均有所收获。然而，通过对课程的深入反思，我们也发现了一些有待改进之处，这些不足为后续课程的优化提供了关键方向。

课程在知识融合方面虽已涉及地理、生物、美术等多个学科，但在融合的深度上仍存在欠缺。以生物学科为例，对于湿地生态系统中生物多样性这一核心概念，我们的讲解仅停留在表面层次。学生虽然能够识别湿地中的常见生物种类，并在模型或海报中呈现它们，但对于生物多样性的形成机制和维持原理理解得不够深入。在实际操作过程中，学生往往忽视了生物之间复杂的相互关系，如食物链、共生关系等，也未能充分认识到生物多样性对生态系统稳定性的重要影响。在设计湿地模型时，学生可能只是简单地将各种生物组合在一起，没有考虑到生物之间的相互依存和制约关系，导致模型无法准确反映湿地生态系统的真实状况。

为了加深学生对生物多样性的理解，未来课程设计可考虑邀请生物学科专

家进行指导。专家可以举办专题讲座,深入剖析生物多样性的形成机制,如地理隔离、自然选择等因素对物种进化的影响,以及生物多样性的维持原理,包括生态位分化、物种间的相互作用等。同时,还可以组织学生开展相关的专题探究活动,选择湿地中的某一生物种群,如湿地中的鲫鱼种群,研究其数量变化、分布范围改变对整个湿地生态系统的影响。通过实地观察、数据收集与分析,学生能够直观地感受到生物多样性与生态系统稳定性之间的紧密联系,从而深化对这一概念的理解。

(二)优化小组协作,均衡成员参与

小组协作是本次课程的重要学习方式,但在实际操作中出现了成员参与度不均衡的问题。在个别小组中,部分成员承担了大部分工作任务,而有些成员参与度较低。这一现象的产生一方面可能是由于小组分工不够合理,在分组时没有充分考虑学生的能力和特长,任务分配与学生实际能力不匹配;另一方面,在协作过程中缺乏有效的监督和协调机制,无法及时发现和解决成员参与度不均的问题。在制作湿地模型的小组中,一些动手能力强或性格较为主动的学生承担了主要的制作工作,而部分学生则因分工不明确或缺乏参与机会,在一旁无所事事。

为了解决这一问题,在今后的课程中,我们需要进一步优化小组分工机制。在分组前,教师可以通过问卷调查、课堂讨论等方式,全面了解学生的能力、兴趣和特长。根据学生的实际情况,合理分配任务,确保每个学生都能在小组中找到适合自己的角色。例如,可以让擅长绘画的学生负责模型或海报的美术设计,让具备较强组织能力的学生担任组长,协调小组工作,让对生物知识感兴趣的学生负责收集、整理生物资料等。同时,教师要加强对小组协作过程的监督和指导,定期检查小组工作的进展情况,观察每个成员的参与度。一旦发现参与度不均衡的问题,要及时与小组沟通,重新调整分工,确保每个成员都能充分参与到项目中来。

(三)完善评价体系,拓展课程主题与合作

现有的评价体系虽然在一定程度上能够衡量学生的学习成果,但其局限性也不容忽视。目前的评价主要聚焦于作品的成果展示和学生的参与度,而对于学生在项目过程中的思维发展、学科素养提升等方面的评价则显得不够全面。这种评价方式难以准确反映学生在项目中的真实学习和成长情况,可能会忽略学生在解决问题过程中思维方式的转变、学科知识的综合运用能力及团队协作中的沟通技巧提升等关键表现。

为了更全面地评价学生的学习效果，未来我们应当增加过程性评价的比重。具体而言，可以通过多种方式收集学生在项目过程中的信息，如要求学生撰写项目日志，详细记录自己在项目中的思考过程、遇到的问题及解决方法；收集小组讨论记录，深入了解学生在讨论中的参与度和观点表达情况；进行阶段性成果展示，细致观察学生在不同阶段的学习进展和能力提升。同时，引入同伴评价和自我评价的多元化评价方式，让学生相互评价，学习他人的优点，发现自己的不足；鼓励学生进行自我评价，反思自己在项目中的表现，从而更全面地认识自己的学习成果和进步空间。

跨学科项目化学习为学生搭建了一个将不同学科知识融合应用的平台，在培养学生综合素养和解决实际问题能力方面具有巨大潜力。通过本次"探秘湿地"课程的实践探索，我们欣喜地看到了学生在学习过程中的积极投入和显著成长，同时也清晰地认识到了课程设计和实施过程中的优点与不足。

在未来的教育教学中，我们应继续探索和完善跨学科项目化学习模式。不断拓展课程的主题和内容，除了湿地主题外，还可以积极引入海洋生态、城市生态等更多与生活实际和社会发展紧密相关的主题。以海洋生态主题为例，学生可以研究海洋污染对海洋生物多样性的影响，以及如何通过生态修复有效保护海洋生态系统；在城市生态主题中，学生可以探讨城市绿地对城市气候的调节作用，以及城市发展与生态保护之间的平衡关系。通过这些丰富多样的主题学习，学生在更广泛的领域中汲取知识，茁壮成长，进一步拓宽视野，提升自身对不同生态系统的认识和理解。

此外，加强教师之间的跨学科合作也是未来课程发展的重要方向。我们可以通过开展教师培训、教学研讨活动等方式，提升教师的跨学科教学能力。在教师培训方面，可以邀请跨学科教育专家进行专题讲座，分享跨学科教学的方法和经验；同时，组织教师开展教学研讨活动，共同探讨如何将不同学科的知识有机融合到课程中，如何设计更有效的教学活动以促进学生的学习。此外，还应整合不同学科的教学资源，如生物、地理、化学等学科的教材、实验设备、网络资源等，为学生提供更丰富、更优质的跨学科教育，帮助学生更好地理解和应用知识。

随着跨学科项目化学习的不断发展与完善，我们有理由相信，它将在培养适应未来社会的创新型人才方面发挥更加重要的作用。这种学习模式不仅能够培养学生的批判性思维、创新能力、团队协作能力和解决实际问题的能力，更契合了未来社会对人才的核心要求。跨学科项目化学习为学生的终身发展奠定了坚实基础，让学生在面对复杂多变的未来社会时，能够灵活运用所学知识，积极应对各种挑战，最终成为具有社会责任感和创新精神的高素质人才。

第三节 “遇见鸟巢”：校园环境与生物共存的启示

一、背景：在地化资源开发与生态教育理念融合

（一）国家生态文明建设战略需求

在全球生态环境问题日益严峻的当下，我国正积极推进生态文明建设，并将其提升至国家战略的高度。2021 年，生态文明教育正式被纳入国民教育体系，旨在培养具有生态环保意识和责任感的未来公民。高中生作为社会发展的储备力量，其生态文明素养的培育对于国家的可持续发展意义深远。学校作为教育的主阵地，肩负着引导学生树立正确生态观的重任。学校通过开展与生态文明相关的课程，如“遇见鸟巢”项目化学习课程，能够让学生深入了解生态系统的奥秘，认识到自身在生态保护中的责任，为国家生态文明建设奠定坚实的人才基础。

（二）中小学综合实践活动课程要求

《中小学综合实践活动课程指导纲要》明确指出，综合实践活动课程应从学生的真实生活和发展需要出发，培养学生的综合素质。该课程强调跨学科实践性，鼓励学生在生活情境中发现问题、解决问题。以校园鸟巢为切入点开展项目化学习，符合综合实践活动课程的要求。学生在观察鸟巢、研究鸟类生态的过程中需要运用多学科知识，如生物学、地理学、物理学等。通过实地观察、数据测量、绘图分析等实践活动，学生不仅能够提升自身的实践能力，还能培养团队合作精神、创新思维和社会责任感，促进学生全面发展。

（三）区域特色资源优势

上海师大二附中所在的金山区拥有得天独厚的自然生态资源。学校地处上海市西南远郊，南临杭州湾，漫长的海岸线孕育了丰富的生物多样性。学校的乡土生态园区内，植物、水生生物、昆虫种类繁多，达 150 余种。此外，学校还拥有全市中小学中首屈一指的标本馆，馆藏标本数量达 2000 余件，其中鸟类标本就有 500 余件，涵盖了上海市常见的鸟类。这些丰富的本地化资源为“遇见

鸟巢”课程提供了天然的教学素材。校园内常见的鸟巢成为学生观察和研究的对象，学生可以近距离观察鸟类的生活习性、筑巢行为，深入了解鸟类与生态环境的关系，从而激发对身边自然现象的探索欲望。

（四）项目化学习理念的推动

项目化学习作为一种先进的教育理念，强调以学习者为中心，通过真实情境下的挑战性任务驱动学生学习。在“遇见鸟巢”课程中，学生围绕“遇见鸟巢”这一主题，在不同阶段面临着不同的任务挑战，如观察鸟巢、绘制鸟巢分布图、设计并搭建鸟巢、开展鸟类科普宣传等。在完成这些任务的过程中，学生需要主动获取知识、运用知识解决实际问题，实现对知识的深度理解和创造性运用。同时，项目化学习注重学生的团队合作和自主探究，学生在小组合作中相互交流、共同进步，培养了合作能力和自主学习能力，这符合现代教育对学生综合素养培养的要求。

二、主题设计：鸟类生态观察与环境改善项目架构

（一）项目主题确定

“遇见鸟巢”这一项目主题紧密围绕学生熟悉的校园环境展开，以鸟巢为切入点，引导学生关注鸟类生态和校园环境。鸟巢，作为鸟类生存繁衍的重要场所，承载着丰富的生态信息。从观察校园内的鸟巢出发，学生可以逐步深入了解鸟类的生活习性、筑巢行为，以及它们与周围环境的相互关系。随着项目的深入，主题从简单的观察逐渐向复杂的探究和实践转变，如为鸟类设计并搭建鸟巢、开展鸟类科普宣传等。通过不同层次的活动，学生不断深化对鸟类生态及人与自然关系的认识。

（二）主题任务设置

1. A1 级任务

在 A1 级阶段，学生的主要任务是观察校园内的不同鸟巢。他们需要学习使用 GPS 定位仪确定鸟巢的位置，借助望远镜观察鸟巢的大小，并利用数码相机记录观察结果。同时，学生要通过查阅网络资源，分辨不同鸟巢的类型，如杯状巢、球状巢、碗状巢等。最后，学生需要将调查结果与校园卫星地图相结合，绘制出校园鸟巢的自然分布图。这一阶段的任务旨在让学生初步了解鸟巢的基本信息，掌握观察和记录的方法，培养学生的科学探究能力和生态文明知识储备。

2. A2 级任务

在 A2 级阶段，学生将聚焦于某一常见鸟类（如珠颈斑鸠、喜鹊、乌鸦等）的鸟巢。他们要详细观察该鸟巢在校园中的分布位置，绘制更加精确的校园鸟巢分布图，并分析鸟类生存与周围环境的关系。在观察鸟巢构造时，学生需要记录鸟巢的组成结构、使用的材料及特点等信息。此外，学生将以小组合作的方式，根据观察所得，为选定的鸟类设计一个鸟巢，并尝试制作出来。这一阶段的任务注重培养学生的观察分析能力、团队合作能力和实践动手能力，提升学生对环境的关注度和生态文明素养。

3. A3 级任务

进入 A3 级阶段，学生的任务将进一步深化。他们将深入观察鸟巢的结构及其材质组成，了解建筑鸟巢的材料来源和特性。学生将学会利用校园及其周边的材料搭建一个鸟巢，在搭建过程中充分考虑鸟类的生活需求和生态环境因素。同时，学生将开展鸟类多样性调查，分析校园及周边鸟类的种类、数量变化情况，感悟环境变化对鸟类生存的影响。最后，学生将制作鸟类科普宣传视频，开展保护鸟类科普宣传行动，向校内外传播鸟类保护知识，增强社会责任感。这一阶段的任务旨在全面提升学生的生态文明行为素养、研究能力和社会影响力。

（三）素养目标达成

通过“遇见鸟巢”项目化学习课程的各个阶段任务，学生在多个核心素养方面得到了培养和提升。在科学探究素养方面，学生从提出问题（如鸟巢构造有差异的原因）开始，到设计研究方案（观察鸟巢、绘制分布图、调查鸟类多样性等），再到收集和分析数据（记录鸟巢信息、统计鸟类数量等），最后得出结论并进行交流分享，经历了完整的科学探究过程，掌握了科学研究的基本方法和技能。在生命观念素养方面，学生通过观察鸟类的生活习性、筑巢行为及与环境的相互关系，深刻理解了生命的多样性和适应性，认识到生物与环境是相互依存的统一整体，树立了正确的生命观念。在社会责任素养方面，学生通过制作科普宣传视频、开展科普宣传行动，向社会传递鸟类保护知识，积极参与生态保护行动，增强了社会责任感，培养了关爱自然、保护环境的意识和行为习惯。在科学思维素养方面，学生在分析鸟巢结构、探究鸟类与环境关系等过程中运用逻辑思维、批判性思维和创造性思维，对观察到的现象进行深入思考和推理，提升了科学思维能力。

三、实施步骤:从观察到行动的阶段性实施框架

(一)"为'你'安个家"项目流程

课程伊始,教师精心挑选了一系列极具吸引力的资料。这些资料包括 A1 阶段学生观察到的不同鸟巢的高清图片,它们从各个角度展示了鸟巢的形态、所处环境等细节;还有绘制的精美的校园鸟巢地图,清晰地呈现出之前发现的鸟巢在校园中的分布位置。同时,教师还播放了不同鸟儿筑巢的视频。视频中有的鸟儿灵巧地穿梭在树林间,用纤细的树枝搭建出精致的杯状巢;有的鸟儿则用泥土和草叶,一点点堆砌出坚固的球状巢。它们专注而忙碌的身影,搭配着大自然的背景音效,瞬间将学生带入了一个充满生机的鸟类世界。

展示完这些资料后,教师提出了一个富有启发性的问题:"不同鸟巢的构造为什么不同?"这个问题如同一颗石子被投入平静的湖面,激起了学生思维的涟漪。学生们结合 A1 阶段的观察经历,利用课余时间精心制作了短视频,在课前的班级分享会上踊跃展示。在分享过程中,学生们各抒己见。有的学生通过自己拍摄的鸟巢视频,发现位于高大树木顶端的鸟巢往往结构更为坚固,推测这是为了抵御风雨和躲避天敌;还有的学生注意到,靠近水源的鸟巢使用的材料中常常含有水草等水生植物,猜测这可能与获取材料的便利性及鸟巢的防水需求有关。这种分享不仅是对观察成果的展示,更是思维的碰撞,激发了学生对问题深入探究的兴趣,培养了他们独立思考和总结归纳的能力。同时,这也让学生自然而然地融入学校的生态实践场中,以更积极的态度去观察自然、感悟自然之美。

1. 组织探究活动,增加组内交流

教师根据项目目标,为每个小组精心设计并发布了详细的子任务。首先,观察某一鸟巢在校园中的分布并绘制校园鸟巢分布图,这要求学生不仅要准确找到目标鸟巢的位置,还要结合校园的地形、植被分布等因素,在地图上精确标注,并分析其分布的合理性;其次,观察某一鸟巢的构造并记录,学生需要仔细观察鸟巢的形状、大小、使用的材料、各部分的连接方式等细节,并详细记录下来;最后,要求为某一鸟儿设计一个鸟巢,这需要学生充分考虑鸟儿的生活习性、体型大小、繁殖特点等因素,发挥创造力和想象力,设计出既实用又符合鸟儿需求的鸟巢方案。

学生们迅速行动起来,以小组为单位开展校园观察活动。在观察过程中,他们遵循由面到点的观察顺序。先对校园整体环境进行全面了解,熟悉校园内

不同区域的植被类型、树木分布、人流活动情况等。这些因素都可能影响鸟类选择筑巢地点。接着，他们将注意力聚焦到目标鸟巢所在的区域。小组成员分工明确，有的负责使用望远镜观察鸟巢的整体结构和周围环境，有的用数码相机拍摄鸟巢的细节照片，还有的使用测量工具记录鸟巢的大小尺寸。在观察鸟巢构造时，学生们认真细致。他们发现，有的鸟巢是由树枝交叉搭建而成，树枝之间的缝隙用泥土和草叶填充，形成了一个稳固且舒适的空间；有的鸟巢则巧妙地利用了树叶的自然形状，将其编织在一起，既遮阳又隐蔽。在记录过程中，学生们不仅记录下观察到的现象，还随时交流自己的发现和疑问。通过观察不同鸟巢的结构，他们深刻体会到了生物多样性的奇妙。项目问题成为驱动学生深入探究的动力源泉，促使学生在小组合作中相互交流、共同探讨，不断提高团队协作能力和问题解决能力。

2. 开展分享交流，助力项目完善

经过一段时间的观察和探究，各小组迎来了成果分享交流环节。每个小组派代表走上讲台，通过幻灯片展示、实物模型演示等方式，详细介绍了本组的成果。在分享过程中，代表们不仅展示了观察到的鸟巢分布位置、构造特点，还阐述了为鸟儿设计鸟巢的思路和方案。例如，有的小组为珠颈斑鸠设计了一个带有防风挡板的鸟巢，考虑到珠颈斑鸠喜欢在开阔的树枝上栖息，防风挡板可以有效抵御冬季的寒风；还有的小组为喜鹊设计了一个多层结构的鸟巢，上层用于休息和孵化，下层用于储存食物，这一设计充分考虑了喜鹊的生活习性。

其他组成员认真倾听，积极提出疑问或补充意见。在提出疑问环节，学生们依据自己的观察和所学知识，对展示小组提供的证据进行了审视。比如，有小组提出某个设计方案中鸟巢的入口尺寸过小，可能会影响成年鸟儿进出；还有小组指出，某份关于鸟巢构造的记录中对使用材料的描述不够准确，应进一步明确材料的种类和特性。在补充环节，学生们分享了自己在观察过程中的独特发现和新颖想法，为展示小组提供了新的思路和参考。

小组间分享结束后，各小组回到自己的位置，根据其他组的意见和建议，对鸟巢设计方案进行了重新验证和修订。他们再次查阅资料、讨论分析，对设计方案中的每一个细节进行优化，如调整鸟巢的形状、改进材料的选择、完善内部结构的设计等。这种分享交流机制就像一场知识与思维的盛宴，促进了学生之间的思想碰撞，让学生从不同角度思考问题，不断完善自己的项目成果。同时，教师在这个过程中引导学生及时总结归纳，帮助学生积累项目学习经验，使学生在总结过程中对科学知识进行整合，为后续项目学习的提升做好充分铺垫。

3. 总结项目学习经验，提升生态文明素养

在完成一系列的探究和交流活动后，进入了总结项目学习经验的阶段。学生们静下心来，回顾整个项目的历程，认真思考自己在项目中的收获和不足。在反思总结中，学生们详细记录了自己在观察技巧、团队协作、知识运用等方面的成长，同时也坦诚地分析了遇到的困难及解决问题的过程。例如，有的学生意识到，在观察鸟巢时，最初因为缺乏经验，他们忽略了一些重要的细节，但通过与小组成员的交流和多次观察，逐渐掌握了更有效的观察方法；还有的学生发现，在团队协作过程中，沟通不畅有时会影响项目进度，通过不断调整沟通方式，团队的协作效率得到了显著提高。

在接下来的一周时间内，学生们将所学知识应用到新的情境中。他们主动走出教室，再次观察校园中的鸟类和鸟巢，用新的视角和方法去发现问题、解决问题。比如，有的学生注意到之前设计的鸟巢在实际放置后吸引了一些不同种类的鸟儿前来栖息，于是他们进一步观察这些鸟儿的行为，思考如何优化鸟巢设计，以更好地满足多种鸟类的需求；还有的学生发现校园中某一区域的鸟类数量有所减少，他们通过调查周围环境的变化，尝试分析原因，并提出了相应的保护建议。

在小组间分享应用心得时，学生们积极交流自己的实践经验和思考成果。他们分享了自己在新情境中运用所学知识的过程和收获，以及对鸟类生态和校园环境的新认识。通过对拓展问题的深入思考与讨论，学生们学会了在学习与生活中遇到问题时运用多种途径搜索证据进行论证。例如，在探讨如何保护校园鸟类时，学生们通过查阅专业文献、咨询生物老师、观察鸟类行为等方式获取多方面的信息，形成科学的思维和探究的核心素养。这种将知识应用于实践并不断反思总结的过程不仅加深了学生对知识的理解和掌握，更让他们在实践中切实感受到生态环境的魅力，进一步提升了生态文明素养。

（二）教师引导与促进策略

1. 情境创设引导

教师在整个教学过程中深刻认识到情境创设对于激发学生学习兴趣和主动性的关键作用，因此致力于打造丰富多样且极具吸引力的教学情境。在A1级课程启动时，为了引导学生关注校园内的鸟巢，教师精心挑选了一部关于鸟儿在冬季大环境中围绕鸟巢活动的纪录片。这部纪录片不仅生动展现了鸟儿们在冰天雪地中如何依赖鸟巢抵御寒冷、繁衍后代的情景，还深刻揭示了鸟巢在冬季生态系统中的独特意义。

在播放纪录片的过程中，教师巧妙地设置了一系列悬念和问题，如："在如此寒冷的环境下，鸟巢是如何保护鸟儿的？""校园里的鸟巢是否也具备类似的功能？"这些问题犹如磁石一般，吸引着学生的注意力，激发了他们的好奇心和求知欲。学生们全神贯注地观看纪录片，被鸟儿们的生存智慧和大自然的神奇所震撼，自然而然地开始思考校园里鸟巢的数量、位置等一系列问题，顺利地融入了课程的学习情境中。

随着课程的深入，在 A2 级"为'你'安个家"项目中，教师又播放了不同鸟儿筑巢的视频。视频中，有的鸟儿用灵巧的小嘴编织着纤细的草茎，有的鸟儿不辞辛劳地搬运着树枝，还有的鸟儿利用泥土和唾液精心打造着巢穴。教师在一旁适时地讲解鸟儿筑巢的过程和特点，引导学生仔细观察不同鸟巢的构造差异，并提出了"为什么不同的鸟儿会选择不同的筑巢材料和方式呢？"这样的问题，进一步引发了学生的深入思考。通过这些生动的情境创设，学生仿佛置身于真实的鸟类世界之中，深刻感受到大自然的奥秘，主动发现问题、提出问题，为后续的学习和探究活动奠定了坚实的基础。

2. 方法指导促进

在"遇见鸟巢"课程中，教师深知科学有效的方法指导是学生顺利完成项目任务、提升实践能力和科学探究能力的关键所在。因此，在各个教学环节都给予学生详细且实用的方法指导。

在观察鸟巢环节，教师详细讲解了观察鸟巢的方法与技巧。首先是望远镜的使用，教师示范正确的握持姿势，确保学生能够稳定地观察目标，同时强调了观察角度和时间选择的重要性。比如，在观察高处鸟巢时，要调整望远镜的角度，避免阳光直射造成反光影响观察效果；而观察时间最好选择在鸟儿活动较为频繁的清晨或傍晚，这样可以更全面地了解鸟巢的使用情况和鸟儿的行为习性。

在教授学生使用 GPS 定位仪确定鸟巢位置时，教师不仅介绍了 GPS 定位仪的基本操作步骤，还详细解释了其工作原理，让学生既知其然又知其所以然。教师带领学生到户外进行实地操作练习，指导学生如何在复杂的校园环境中准确获取鸟巢的经度与纬度坐标，并将数据仔细记录下来。在这个过程中，教师耐心解答学生遇到的各种问题，如信号干扰、定位偏差等，确保学生能够熟练掌握这一技术。

当涉及鸟巢设计时，教师引导学生全面考虑鸟巢的大小、位置、构造、材料等多方面因素。教师通过展示大量的鸟巢设计案例，从简单的自然鸟巢到创意十足的人工鸟巢，逐一分析每个案例的优缺点，为学生提供了丰富的设计灵感。教师还组织学生进行小组讨论，鼓励学生积极分享自己的设计想法，互相启发。在学生设计过程中，教师巡回指导，及时给予反馈和建议，帮助学生不断完善设计方案。通过这些细致入微的方法指导，学生的实践能力和科学探究能力得到了有效提升，项目活动得以顺利开展。

3. 小组协作引导

教师深刻认识到小组协作在项目化学习中的重要性，因此积极引导学生进行高效的小组合作。在分组时，教师综合考虑了学生的学习能力、性格特点、兴趣爱好等多重因素，进行合理搭配，确保小组内成员能够实现优势互补。例如，将善于观察的学生与思维活跃、富有创意的学生分在同一组，将组织能力强的学生与细心负责的学生组合在一起，这样每个小组都具备了完成项目任务所需的多元能力。

在小组活动过程中，教师明确引导学生确定各自的分工。通过组织小组讨论，帮助学生根据个人特长确定角色：推选组织协调能力较强的学生担任组长，负责组织小组活动、分配任务和协调成员关系；选择细心、认真的学生作为记录员，负责详细记录小组讨论的内容、观察的数据及项目进展情况；而观察能力突出的学生则担任观察员，专注于鸟巢的观察工作。

教师鼓励学生在小组内积极交流、共同探讨。在“为‘你’安个家”项目中，当学生们在观察鸟巢、设计鸟巢等任务中遇到问题时，教师引导他们在小组内分享自己的想法和发现。比如，在观察鸟巢构造时，有的学生发现鸟巢的编织方式很独特，便在小组内提出讨论，其他成员纷纷发表自己的看法，大家共同探讨这种编织方式对鸟巢稳定性和舒适性的影响。通过这样的交流，学生们相互学习、相互启发，不仅有效解决了问题，还培养了团队合作精神和沟通能力。在小组合作过程中，教师密切关注每个小组的进展情况，及时给予指导和帮助，确保小组协作顺利进行。

4. 评价反馈促进

为了全面、客观地评价学生的学习成果，激发学生的学习积极性，教师采用了积分制评价方式，对项目质量、项目目标、项目流程、项目实际成效等进行全面评价。这种评价方式既关注项目实施的过程，又重视项目取得的实际成效，通过师评、自评、互评等多元化的评价方式，对学生的每一次表现进行积分。

在学生分享鸟巢设计方案后，评价环节正式展开。教师根据预先制定的评价标准进行了详细点评，评价标准涵盖了设计的创新性、实用性、科学性、美观性等多个方面。教师不仅指出了学生设计方案中的优点,如某个小组设计的鸟巢在材料选择上充分考虑了环保和就地取材的原则,具有很强的实用性;还指出了存在的问题和不足,比如有的设计方案在结构稳定性方面考虑不够周全。同时,教师鼓励其他学生进行评价,学生们也从不同角度发表自己的看法,有的从鸟儿生活习性的角度提出建议,有的从美学角度对鸟巢的外观设计提出了改进意见。

教师及时给予学生评价反馈,将评价结果以积分的形式呈现,并针对学生的表现提出具体的改进建议。对于表现优秀的学生和小组,教师给予充分的肯定和表扬,激励他们继续保持;对于存在不足的学生,教师耐心地帮助他们分析问题所在,并引导他们制订改进计划。通过这种评价反馈机制,学生们能够清楚地了解自己在项目学习中的优势和不足,在不断完善项目成果的过程中提高学习效果,同时也培养了自我反思和自我提升的能力。

四、成效亮点:问题解决思维拓展与学习动力激发

(一) 形成问题解决思维

"遇见鸟巢"项目化学习课程突破了传统知识学习的固有模式,为学生们提供了从生活情境出发直面真实问题的学习机会。对于刚踏入高中校门的一年级学生而言,他们尚未系统学习高中生物学知识,在鸟类识别、鸟巢构造分析等专业领域知识储备严重不足,参与该项目学习无疑是一项巨大的挑战。

在项目初始阶段,学生们在观察鸟巢时便遭遇了诸多难题。鸟巢类型繁多,从精巧的杯状巢到结构复杂的球状巢,仅凭外观特征分辨其类型并非易事。而在使用 GPS 定位仪测量鸟巢位置的过程中也状况百出,信号干扰、操作不熟练等问题导致定位不准确。面对这些棘手的问题,学生们并未退缩,而是选择迎难而上。

部分学生借助互联网的强大功能,在各类学术数据库、科普网站上查阅了大量关于鸟巢分类和定位技术的资料。他们仔细比对不同类型鸟巢的特点描述,结合实际观察到的鸟巢细节,逐渐掌握了分辨鸟巢类型的技巧。还有些学生主动向学校的生物老师请教,老师凭借专业知识和丰富经验,为学生们答疑解惑,提供了更为深入的理论指导。

在小组讨论中,学生们各抒己见,积极分享自己在探索过程中的发现和想法。有的学生提出,可以通过观察鸟巢周边的环境特征来辅助判断鸟巢类型;有的学生则建议多次测量取平均值,以提高鸟巢位置测量的准确性。通过这些

讨论，学生们的思路得到了拓宽，解决问题的方法也更加多样化。

通过不断尝试和探索，学生们成功地解决了一个又一个难题。这种经历不仅让学生们学会了如何获取和运用知识解决实际问题，更重要的是培养了他们的问题解决思维。在今后的学习和生活中，当面对新的问题时，学生们将不再局限于传统的思维模式，而是能够主动思考、积极探索，从多个角度寻找解决方案。这种思维转变将对他们的未来发展产生深远的影响。

（二）激发学习动力

整个“遇见鸟巢”课程内容被精心设计为三个不同阶段，每个阶段都巧妙地设置了既具挑战性又充满趣味性的任务，这些任务犹如一个个神秘的宝藏，不断激发着学生们的学习热情。

在“我要找到‘你’”阶段，学生们如同探索未知世界的小探险家，怀揣着好奇与期待，踏上了观察不同鸟巢的奇妙旅程。他们穿梭在校园的各个角落，用望远镜仔细搜寻每一个可能存在鸟巢的地方。每当发现一个新的鸟巢时，那种兴奋和成就感便溢于言表。在这个过程中，学生们逐渐培养起了对鸟类生态的浓厚兴趣，从最初单纯地寻找鸟巢，到开始主动观察鸟儿的活动规律、与鸟巢的互动方式，这种兴趣的转变为后续的学习奠定了坚实的基础。

进入“为‘你’安个家”阶段，学生们的学习热情进一步被点燃。他们深入观察鸟巢的结构，细致入微地记录每一个细节，从鸟巢的框架搭建到内部铺垫材料的选择，都进行了深入的研究和探讨。为了给鸟儿设计一个理想的家，学生们充分发挥了自己的创造力和想象力。在小组讨论时，大家各执己见，争论声此起彼伏，每一个创意都饱含着对鸟儿的关爱和对知识的探索。当亲手制作出鸟巢模型时，学生们的脸上洋溢着自豪的笑容，他们体验到了实践带来的乐趣和成就感，这种积极的情感体验进一步激发了他们对学习的热爱。

在“为了更好地‘你’”阶段，学生们开展了鸟类多样性调查和科普宣传活动。他们意识到，他们的行动不仅仅是为了完成学习任务，更是为了保护鸟类和生态环境贡献自己的力量。在调查过程中，学生们认真记录每一种鸟类的出现频率、活动范围，并分析环境变化对鸟类多样性的影响。为了制作出高质量的科普宣传视频，他们不辞辛劳地收集资料、撰写脚本、拍摄素材、进行后期剪辑。当看到自己制作的视频在学校、社区中传播，引起他人对鸟类保护的关注时，学生们感受到了自己努力的价值，这种责任感和使命感成为他们持续学习的强大动力。

在课程实施过程中，学生们在每次完成项目后都会围绕项目内容提出新的问题。比如，在观察鸟巢后，他们会思考不同季节鸟巢的使用情况是否有所变化；在设计鸟巢后，他们会探讨如何进一步优化鸟巢设计以吸引更多鸟类。这些问题为后续项目化学习的开展提供了丰富的思路，也表明学生们已经从被动接受知识转变为主动探索知识。即使是平时在课堂上表现并不积极的学生，也被项目的魅力深深吸引，全身心地投入这场学习之中。在课后与其他学生的交流中，他们对项目化学习给予了高度评价，认为这种学习方式让他们真正体验到了学习的乐趣和价值，并且希望在今后的学习中能有更多参与此类项目的机会。这充分体现了课程对学生学习动力的强大激发作用。

（三）提升生态文明素养

通过深度参与“遇见鸟巢”项目化学习课程，学生们在多个维度上显著提升了生态文明素养。

在知识层面，学生们深入了解了鸟类丰富多样的生活习性。他们观察到，不同鸟类的觅食时间和方式存在巨大差异：有些鸟类清晨便活跃起来，在草丛中寻找昆虫；而有些则选择在傍晚出动，以植物种子为食。在筑巢行为方面，学生们掌握了各类鸟巢的建造特点：织布鸟用灵巧的小嘴编织出精美复杂的巢穴，缝叶莺则用植物纤维将树叶缝合成独特的巢。同时，学生们也深刻明白了鸟类与环境之间存在着千丝万缕的联系，比如湿地环境为水鸟提供了丰富的食物来源和适宜的栖息场所，而森林的减少则会导致依赖树木筑巢的鸟类数量下降。这些知识的积累极大地丰富了学生们的生态文明知识储备。

在技能层面，学生们熟练掌握了多种科学仪器的使用方法。使用 GPS 定位仪时，他们能够精准地定位鸟巢位置，并准确记录经度与纬度数据；操作望远镜时，则能迅速调整焦距，清晰地观察远处鸟巢的细节。此外，学生们还学会了绘制专业的鸟巢分布图，通过实地测量和数据分析，将鸟巢的位置、类型等信息直观地呈现在地图上。在设计和搭建鸟巢的过程中，他们的动手实践能力得到了充分锻炼：从设计草图到选择合适的材料，再到实际搭建，每一个环节都展现出了学生的创新思维和实践能力。

在意识和行为层面，学生们深刻认识到鸟类在生态系统中的重要地位。鸟类作为食物链中的重要一环，对控制害虫数量、传播植物种子起着关键作用。因此，学生们保护鸟类和生态环境的意识得到了极大增强。他们不再仅仅把鸟类当作校园里的观赏对象，而是将其视为生态大家庭中不可或缺的成员。为了将这种意识转化为实际行动，学生们积极制作科普宣传视频，精心策划科普宣传活动。他们走进校园的各个角落，向同学们宣传鸟类保护知识；走向社区，向居民们讲解保护生态环境的重要性。通过这些行动,学生们不仅自己树立了正确的生态文明观,还带动身边的人关注生态保护,为生态文明建设贡献了自己的力量。

（四）培养团队合作与交流能力

项目化学习课程以小组合作的形式开展,为学生们搭建了广阔的团队合作和交流平台,使他们在实践中不断提升团队协作与沟通表达能力。

在小组活动中,明确的分工是确保任务顺利完成的基础。在观察鸟巢和绘制鸟巢分布图时,学生们根据自身优势进行合理分工。有的学生视力好、观察细致,便负责用望远镜观察鸟巢的外观特征,记录鸟巢内的活动情况;有的学生擅长使用测量工具,就承担起测量鸟巢大小、高度及与周边物体距离的任务;还有的学生对地理信息敏感,便负责在校园卫星地图上标注鸟巢位置,并整合其他成员收集的数据,绘制出详细、准确的鸟巢分布图。而在设计和搭建鸟巢时,分工则更加多元化:富有创意的学生负责设计鸟巢的整体结构和外观样式,提出新颖的设计理念;动手能力强的学生则负责寻找合适的材料,按照设计方案进行实际搭建;善于沟通协调的学生则负责组织小组讨论,确保每个成员的意见都能被充分听取,并协调小组内部的工作进度。

在合作过程中,学生们学会了倾听他人的意见、尊重他人的想法。在讨论鸟巢设计方案时,每个学生都积极发表自己的观点:有的建议增加鸟巢的防护结构,有的则提出使用环保可降解材料。面对不同的观点,学生们不再固执己见,而是认真倾听他人的理由,共同探讨各种方案的可行性。当出现分歧时,他们会通过查阅资料、咨询老师等方式,寻求更合理的解决方案。例如,在选择鸟巢材料时,有的学生认为使用塑料更耐用,而有的学生则主张使用天然材料更环保。经过查阅相关资料,了解到塑料对环境的危害及天然材料对鸟类的适应性后,各小组最终达成共识,选择了天然材料。

小组之间的分享交流活动也为学生们提供了学习和成长的机会。在分享会上,每个小组轮流展示自己的项目成果,其他小组的成员则认真倾听,并从不同角度提出问题和建议。这种交流方式让学生们学会从不同视角思考问题,拓展了他们的思维方式。通过倾听其他小组的经验和见解,学生们发现了自己项目中的不足之处,进而对自己的方案进行改进和完善。在这个过程中,学生们的沟通和表达能力也得到了锻炼:他们学会了清晰、有条理地阐述自己的观点,用准确精练的语言表达复杂的想法。团队合作精神在相互交流与协作中逐渐形成并不断强化。

五、深度思考:实践经验反思与教学策略优化

(一) 课程实施中的问题反思

在教学推进过程中,课程结构暴露出诸多问题。

从内容衔接来看,A1 级和 A2 级阶段存在部分内容重复的问题。在鸟巢观察方法上,两个阶段都涉及使用望远镜观察鸟巢外观、用 GPS 定位仪确定鸟巢位置等基础方法的教学。这种重复不仅浪费了教学时间,还容易使学生产生学习倦怠感。在校园鸟巢分布图绘制方面,A1 级要求学生初步绘制鸟巢的大致分布,而 A2 级虽强调精确绘制,但在教学过程中,两者在绘制方法、地图标注要素等方面的区分度不够明显,导致学生难以清晰地感知两个阶段能力提升的差异,不利于构建系统的知识体系。

A2 级和 A3 级阶段在知识和技能的进阶上过渡不够自然。A2 级主要聚焦于特定鸟类鸟巢的观察、设计与制作,而 A3 级则要求学生深入研究鸟巢结构材质、开展鸟类多样性调查及进行科普宣传。从 A2 级到 A3 级,知识难度跨度较大,缺乏有效的衔接环节帮助学生平缓过渡。例如,在 A2 级设计鸟巢时,学生较少涉及对鸟巢材料特性的深入分析,而 A3 级却要求学生了解建筑鸟巢材料的来源和特性,这使得学生在学习 A3 级内容时感到吃力,难以将之前所学知识与新内容有机结合,导致能力结构的发展出现断层。

在时间安排上,课程也存在不合理之处。部分任务由于难度较大或活动环节烦琐,所需时间超出预期,影响了整体教学进度。比如,在 A3 级的鸟类多样性调查任务中,学生需要在不同时间段、不同地点进行长时间观察记录,并对收集的数据进行复杂的分析处理,这使得该任务耗费了大量课时,挤压了后续科普宣传视频制作和宣传行动的时间。而有些任务时间过短,学生无法深入探究。如 A2 级中为鸟儿设计鸟巢环节,学生在构思设计方案时,由于时间紧张,无法充分展开讨论和调研,设计成果往往不够完善,难以达到预期的学习效果。

(二) 评价方式存在局限性

目前课程采用的积分制评价方式虽在一定程度上对学生的学习过程和成果进行了综合考量,但在实际操作中存在不少问题。

评价标准在某些关键方面不够细化和明确,导致评价结果存在主观性。以学生鸟巢设计方案的评价为例,对于设计的创新性,评价标准仅简单提及要有新颖的设计思路,但并未明确界定新颖的程度和判断依据。不同的评价者,由于个人的审美观念、知识背景和评价角度不同,对同一设计方案的创新性评价

可能差异很大。在实用性评价方面，缺乏具体的量化指标，如鸟巢对鸟类生活需求的满足程度、使用过程中的便利性等，使得评价结果难以准确反映学生设计方案的实际水平。

评价过程过于侧重结果评价，对学生在项目学习过程中的努力程度、进步情况等过程性评价关注不足。在积分制评价中，往往更注重学生最终提交的成果质量，如鸟巢设计的成品、调查报告的完整性、科普宣传视频的展示效果等。然而，对于学生在项目实施过程中克服困难的努力、从最初构思到最终成果逐步改进的过程，却缺乏详细记录和评价。例如，有些学生在项目初期对相关知识和技能掌握较少，但通过不断努力学习和尝试，在项目后期取得了显著进步。然而，这种进步在现有的评价体系中未能得到充分体现，既不利于全面激励学生的学习积极性，也无法为学生提供有针对性的改进建议。

（三）学习支架的搭建不够完善

在项目化学习过程中，学习支架对于帮助学生顺利完成任务至关重要，但“遇见鸟巢”课程在学习支架搭建方面尚存在缺陷。

在“为‘你’安个家”项目中，为学生提供的鸟巢设计参考案例数量有限，且案例的多样性略显不足。仅有的几个案例大多属于常见的鸟巢类型，风格相对单一，难以满足不同学生的设计需求和创意灵感的激发。对于那些渴望尝试独特设计风格或探索新设计理念的学生而言，有限的案例无法为他们提供充分的参考和启发，从而在一定程度上限制了学生的创新思维发展。

当学生在项目推进过程中遭遇困难时，教师提供的指导和支持有时显得不够及时和精准。例如，在学生设计鸟巢的过程中，若遇到鸟巢结构稳定性难以保证的问题，教师可能因需要同时关注多个小组的进展而无法立即给予帮助。即便提供了指导，也可能对学生具体设计思路了解不够深入，所给出的建议缺乏针对性，无法有效解决学生的实际问题，导致学生在项目推进过程中陷入停滞，进而影响了学习效果和积极性。

（四）改进策略与措施

1. 优化课程结构

重新梳理课程内容是优化课程结构的关键。在梳理过程中，应明确各阶段的教学目标和重点，以避免内容重复。对于A1级课程，教学重点应放在让学生全面了解鸟巢的基本信息上，如通过多种观察方法初步认识不同鸟巢的类型、位置和大小，掌握基本的观察记录技巧，学会使用简单工具进行数据采集。A2级课程则应侧重于深入研究特定鸟类与鸟巢的关系，重点培养学生的观察分析能力和实践动手能力，如详细观察某几种常见鸟类鸟巢的构造、材料使用特点，以及鸟类筑巢行为与周边环境的相互影响，并在此基础上进行针对性的鸟巢设计与制作。A3 级课程则须进一步深化，聚焦于生态系统层面，引导学生研究鸟巢结构材质与生态环境的适应性，开展鸟类多样性调查，分析环境变化对鸟类生存的影响，并通过科普宣传活动提升学生的社会责任感和生态保护意识。

同时，应加强各阶段之间的衔接，根据学生的认知规律和能力发展水平进行合理安排。在 A1 级和 A2 级之间，可设置过渡环节，如开展关于鸟巢观察方法进阶的专题讨论，引导学生在掌握基础观察方法的基础上学习更精准、更深入的观察技巧，以适应 A2 级对鸟巢细致观察的要求。在 A2 级和 A3 级之间，可增加知识拓展和技能提升的前置课程，如组织学生学习建筑材料学的基础知识，了解不同材料的力学性能、环保特性等，为 A3 级深入研究鸟巢材料和搭建鸟巢做好知识储备；同时开展数据统计与分析方法的培训，帮助学生更好地处理 A3 级鸟类多样性调查中收集的数据。

此外，还应合理调整课程内容的时间安排。对于难度较大、综合性较强的任务，如 A3 级的鸟类多样性调查和科普宣传视频制作，应适当增加课时，确保学生有足够的时间进行深入探究和精心制作。同时，应精简一些相对简单或重复性的教学环节，以提高教学效率。例如，在 A1 级和 A2 级的鸟巢观察方法教学中，应避免重复讲解基础内容，而是针对不同阶段的观察重点进行有针对性的指导，将节省下来的时间用于学生的实践操作和小组讨论，以提升学习效果。

2. 完善评价方式

细化和明确评价标准是完善评价方式的重要举措。在评价学生鸟巢设计方案时，须对创新性制定详细的评价细则。创新性可从设计理念、结构形式、材料应用等多个维度进行综合评价。具体而言，设计理念是否突破传统、独具创意；结构形式是否采用了新颖的组合方式，以满足鸟类的特殊需求；材料应用是否尝试了新的环保材料，或对传统材料进行了创新运用等。针对每个维度，应设定具体的分值范围和描述性评价等级，为评价者提供明确的判断依据。在实用性评价方面，应制定量化指标，如鸟巢的空间利用率、对鸟类活动的便利性（包括进出是否方便、活动空间是否充足等）及适应不同天气条件的能力（如防水、防风、保暖性能等）。通过对这些指标进行打分，综合评估鸟巢设计的适用性。

同时，应加强过程性评价，全面关注学生在项目学习过程中的表现。为此，应建立详细的过程性评价记录档案，记录学生在项目各个阶段的参与度、努力程度、团队协作表现，以及遇到问题时的解决思路和方法。例如，观察并记录学生在小组讨论中的发言频次和质量，记录学生在遇到困难时主动查阅资料、寻求帮助的行为，以及学生在项目推进过程中对自己设计方案或研究方法的改进过程。在积分制评价中，应提高过程性评价的比重，使过程性评价与结果性评价达到合理的平衡。具体而言，可将过程性评价的积分占比提高到40%~50%，结果性评价占比相应调整为50%~60%。这样可以更全面、客观地评价学生的学习成果，充分激励学生在项目学习过程中积极探索、不断进步。

3. 强化学习支架搭建

为丰富学习支架的资源，学校应为学生提供更多样化的学习支持。在"为'你'安个家"项目中，应收集大量不同类型、不同风格的鸟巢设计案例，包括自然界中独特的鸟巢构造、人工设计的创意鸟巢，以及不同文化背景下对鸟巢设计的理解和应用等案例，并整理成电子资源库，供学生随时查阅参考。同时，可邀请鸟类专家、建筑设计师等专业人士录制关于鸟巢设计的讲解视频，从专业角度分析鸟巢设计的要点、技巧和创新思路，以拓宽学生的设计视野，激发学生的创新灵感。

此外，应提高教师指导的及时性和精准性。在项目实施过程中，教师应加强对学生的巡视和观察，及时发现学生遇到的问题。当学生遇到困难时，教师应与学生进行深入沟通，了解学生的具体思路和困惑所在，然后给予有针对性的指导。例如，当学生在鸟巢设计中遇到结构稳定性问题时，教师应根据学生设计的具体结构和使用材料，运用力学原理为学生分析问题产生的原因，并提供相应的改进建议，如调整结构布局、更换材料、增加辅助支撑等。同时，教师还可组织小组间的经验交流活动，让在某方面表现出色的小组分享成功经验，促进学生之间的相互学习和共同进步。这样可以确保学生在项目推进过程中能够顺利克服困难，提高学习效果。

第三章 生态环境问题研究与应对类项目实践探索案例

在上海杭州湾畔,上海师大二附中校园内,一条蜿蜒的河流静静流淌,它不仅是自然生态的缩影,更是生态文明教育的生动课堂……学校始终将培养学生的生态文明素养视为重要使命,积极引导学生树立“人与自然和谐共生”的理念,坚定不移地秉持“把生态文明教育融入育人全过程”的原则,依托校园独特的生态资源,结合上海当地的环境问题,开展了一系列围绕生态环境问题研究与应对的项目。从海洋预报信息的智慧解读,到外来生物入侵的防治探索,从校园水环境的守护行动,到生态责任意识的觉醒升华,每一项实践都如同一颗种子,在学生心中播撒下可持续发展的希望。

第一节 “蓝色预警”:海洋预报信息解读与海洋生态保护

一、背景:海洋预报信息的重要性与学科支撑

(一)海洋预报信息在高中学习中的重要性

在高中地理的学习体系中,海洋作为地球表面的重要组成部分,是一个关键的研究领域。海洋预报信息,作为对海洋环境变化的预测与解读,不仅在现实生活中具有广泛的应用,对于高中地理学科的教学和学习也同样具有重要意义。深入探究海洋预报信息的重要性及其与高中地理学科的关联,不仅有助于学生更好地理解海洋环境,提升地理学科素养,还能增强学生对海洋资源的保护意识,以及合理开发利用海洋资源的能力。

(二)海洋预报信息在现实生活中的重要性

1. 保障海上交通运输安全

海洋是全球贸易的重要通道,海上交通运输在国际贸易中占据举足轻重的

地位。准确的海洋预报信息能够为船舶的安全航行提供有力保障。例如，海浪预报可以帮助船长提前了解前方海域的海浪情况，从而合理调整航速和航线，避免在大浪区航行，减少船舶颠簸和损坏的风险；潮汐预报对于进出港的船舶至关重要，它可以确保船舶在合适的水位条件下安全进出港口，避免搁浅等事故的发生；海流预报则有助于船舶利用有利的海流，节省燃料和航行时间。

2. 促进渔业资源的可持续利用

渔业是海洋经济的重要组成部分。海洋预报信息对渔业生产具有多方面的积极影响。海水温度和盐度的预报可以帮助渔民了解鱼类的分布和洄游规律，从而更准确地确定捕鱼区域和时间，提高捕鱼效率。同时，对海洋生态环境的预报，如赤潮等有害藻类的爆发预警，可以让渔民提前做好防范措施，减少渔业损失。此外，合理利用海洋预报信息还能促进渔业资源的可持续发展，避免过度捕捞现象的发生。

3. 助力海洋工程建设与维护

海洋工程建设，如海上石油平台、跨海大桥、海底隧道等，需要考虑海洋环境的各种因素。海洋预报信息为海洋工程的选址、设计和施工提供了重要依据。在选址阶段，通过对海浪、海流、潮汐等要素的长期观测和预报，可以选择一个相对稳定和安全的区域进行工程建设。在施工过程中，准确的海洋预报信息可以帮助施工人员合理安排施工进度，避免在恶劣天气条件下进行施工，从而确保施工安全和工程质量。在工程维护阶段，海洋预报信息也有助于及时发现和处理因海洋环境变化对工程设施造成的损害。

4. 提升沿海地区的防灾减灾能力

沿海地区常常面临海洋灾害的威胁，如风暴潮、海啸等。海洋预报信息在沿海地区的防灾减灾工作中发挥着关键作用。风暴潮预报可以提前发出警报，让沿海居民和相关部门有足够的时间采取应对措施，如撤离危险区域、加固海堤等。海啸预报则可以在海啸发生前及时通知沿海地区，从而减少人员伤亡和财产损失。此外，海洋预报信息还能帮助沿海地区制定科学的防灾减灾规划，提高应对海洋灾害的能力。

（三）海洋预报信息的学科支撑

海洋预报信息对于众多领域，如渔业、航运、海洋旅游及海洋环境保护等，都至关重要。本跨学科项目化学习旨在让高中学生学会准确读取海洋预报信息，提升其综合运用多学科知识解决实际问题的能力，同时培养学生对海洋相关事务的关注度和科学素养。

从地理学科来看，学生须了解海洋气候特征、洋流分布、潮汐规律等基础知识，这些是理解海洋预报中诸如海浪高度、海水温度变化等信息的关键。

从物理学科来看，海洋预报信息涉及海浪形成原理、海水密度与浮力等知识。理解海浪的形成机制有助于解读预报中的海浪高度、周期等参数，明白不同风力、地形等因素对海浪的作用。而海水密度知识则可辅助分析海洋水体的分层情况及对海洋生物分布的影响，这在海洋生态相关的预报信息解读中具有重要意义。

从信息技术学科来看，如今海洋预报多通过网络平台、专业软件等发布，学生需要掌握信息检索、筛选的技巧，学会使用相关软件或网站准确获取所需的海洋预报内容，并能对获取的数据进行简单的整理和分析，如制作图表来直观呈现海洋要素的变化趋势。

二、主题设计：地理教学与海洋预报协同路径

（一）基于高中地理学科对海洋预报的信息解读

1. 地理基础知识为海洋预报信息提供理论框架

高中地理学科涵盖了丰富的自然地理知识和人文地理知识，为理解海洋预报信息提供了坚实的理论基础。在自然地理方面，地球的圈层结构、大气环流、水循环等知识有助于学生明确海洋气象要素和水文要素的形成机制。例如，通过学习大气环流知识，学生可以理解海面上的风是如何形成的，以及不同风带对海洋环境的影响。在人文地理方面，区域发展、资源开发等知识与海洋预报信息在海洋经济和社会发展中的应用紧密相连。学生学习这些知识后能更好地理解海洋预报信息在海洋资源开发、海上交通运输等领域所发挥的重要作用。

2. 地理信息技术为海洋预报信息的获取和分析提供技术支持

地理信息技术，包括遥感（RS）、全球导航卫星系统（GNSS）和地理信息系统（GIS），在海洋预报信息的获取、处理和分析过程中扮演着关键角色。遥感技术可通过卫星或飞机获取海洋表面的图像和数据，如海水温度、海冰分布等。全球导航卫星系统能为海洋观测设备提供精准的位置信息，确保观测数据的准确性。地理信息系统则能对获取的海洋数据进行存储、管理和分析，通过建立模型，模拟预测海洋环境的变化。在高中地理教学中，学生学习地理信息技术的基本原理和应用，有助于他们理解海洋预报信息的获取和分析过程，进而提高对海洋预报信息的解读能力。

3. 地理实验与实践活动培养学生对海洋预报信息的应用能力

高中地理课程中的实验和实践活动为学生提供了亲身体验和应用海洋预报信息的机会。例如,组织学生进行海洋观测实验,学生通过使用简单仪器测量海水温度、盐度、潮汐等要素,形成对海洋环境更直观的认识。同时,学生可以通过分析自己收集的数据,结合海洋预报信息,进行对比和验证,进一步提升对海洋预报信息的理解和应用能力。此外,还可组织学生进行海洋资源开发和保护的实践活动,让学生在实践中深切体会海洋预报信息在海洋经济和环境保护中的重要作用。

（二）海洋预报信息在高中地理教学中的作用

1. 丰富教学内容，激发学生学习兴趣

将海洋预报信息融入高中地理教学,能极大丰富教学内容,使教学更加贴近现实生活。海洋预报信息涵盖海洋的各种现象和变化,这些内容极具趣味性和吸引力。例如,在讲解海洋气象知识时,引入风暴潮预报的案例,让学生了解风暴潮的形成过程、危害及预报的重要性,这不仅能激发学生的学习兴趣,还能提高学生的学习积极性。

2. 培养学生的地理思维和综合素养

分析和理解海洋预报信息需要学生运用地理思维,如空间思维、综合思维等。通过学习海洋预报信息,学生可以学会从不同角度审视海洋环境的变化,理解各种地理要素之间的相互关系。例如,在分析海浪预报时,学生须综合考虑大气环流、地形等因素对海浪的影响,这有助于培养学生的综合思维能力。同时,海洋预报信息的应用涉及多个领域,如交通运输、渔业、工程建设等,通过学习这些应用,学生可以提升自己的地理实践力和人地协调观,进而提升综合素养。

3. 增强学生的海洋意识和环保意识

海洋预报信息反映了海洋环境的变化及人类活动对海洋的影响。通过学习海洋预报信息,学生可以了解到海洋资源的重要性及海洋环境面临的挑战,如海洋污染、渔业资源减少等问题。这有助于增强学生的海洋意识,让学生深刻认识到保护海洋环境的重要性,从而培养学生的环保意识和社会责任感。

三、实施步骤:从理论到实践的教学实施步骤

(一) 备课: 精心准备, 奠定基础

1. 研究课程标准与教材

深入研读高中地理课程标准,明确海洋预报信息教学的目标与要求。例如,课程标准强调学生要了解海洋环境对人类活动的作用与人类活动对海洋环境的影响,而海洋预报信息正是实现此目标的重要载体。同时,学生需要细致分析教材中与海洋预报信息相关的内容,把握知识的逻辑架构及重难点。教材中可能涵盖海浪、潮汐、海流等海洋要素的预报,以及这些预报对航海、渔业、海洋工程等方面的具体影响,教师须对这些内容进行系统梳理与整合,形成清晰的教学框架。

2. 广泛收集教学资源

为使教学内容更加生动、丰富,教师须广泛搜集与海洋预报信息相关的教学资源。可从国家海洋预报台等官方网站获取最新的海洋预报数据与信息,包括实时的海浪高度、潮汐时间、海流速度等。同时,收集相关图片、视频资料,如海洋灾害发生时的预报信息及实际影响的影像,帮助学生更直观地感受海洋预报信息的重要性。此外,还可参考地理学术期刊、科普书籍等资料,深入了解海洋预报的原理和技术发展,为教学提供更坚实的知识支撑。

3. 分析学生学情

充分了解学生的知识基础和学习能力,是备课的关键。对于高中学生而言,他们已具备一定的地理基础知识,但在理解海洋预报信息方面可能存在困难。教师可通过问卷调查、课堂提问等方式,了解学生对海洋环境、地理信息技术等相关知识的掌握程度,以及他们对海洋预报信息的兴趣点和疑问。根据学生实际情况,调整教学内容和方法,确保教学的针对性和有效性。

4. 制定教学目标与计划

根据课程标准、教材内容和学生学情,制定明确的教学目标。知识与技能目标可设定为学生能准确识别和解读常见的海洋预报信息,理解其与地理环境要素的关系;过程与方法目标是通过小组合作、案例分析等活动,培养学生收集、分析和应用海洋预报信息的能力;情感态度与价值观目标则是激发学生对海洋地理的兴趣,增强学生的海洋保护意识和社会责任感。同时,制订详细的教学计划,合理安排教学内容和教学时间,确保教学目标的实现。

（二）授课：多样教学，激发兴趣

1. 情境导入，引发兴趣

在课堂开始时，通过创设生动情境，引发学生对海洋预报信息的兴趣。播放学生制作的上海赶海攻略视频，展示赶海时海洋预报信息的重要作用，引导学生思考海洋预报信息的获取和应用方式（图 3-1、图 3-2 和表 3-1），从而激发他们的学习欲望。

2. 知识讲解，系统传授

采用讲授法，系统讲解海洋预报信息的相关知识。首先介绍海洋预报的基本概念，包括预报的内容、方法和意义。然后详细阐述海浪、潮汐、海流等海洋要素的预报原理和方法，结合图表和实例，帮助学生理解这些要素的变化规律和影响因素。在讲解过程中，注重与学生已有的地理知识相结合，如大气环流、地球自转等，引导学生运用综合思维分析海洋预报信息。

3. 案例分析，深化理解

通过具体案例分析，让学生深入理解海洋预报信息的应用。选取不同类型的案例，如渔业生产中利用海洋预报信息选择捕鱼时机和区域，海洋工程建设中依据海洋预报信息进行施工安排，以及沿海地区应对海洋灾害时参考海洋预报信息制定应急预案等。将学生分成小组，让他们分析案例中的海洋预报信息，讨论这些信息对相关活动的影响，并提出合理的应对措施。在小组讨论过程中，教师巡视指导，鼓励学生积极思考和交流，培养学生的合作能力和问题分析能力。

4. 信息技术辅助教学

利用地理信息技术，如遥感（RS）、地理信息系统（GIS）等，辅助海洋预报信息的教学。通过展示卫星遥感图像，学生直观看到海洋表面的温度、海冰分布等信息，了解遥感技术在海洋观测中的应用。利用 GIS 软件，展示海洋预报数据的空间分布和变化趋势，引导学生进行数据分析和可视化表达。同时，介绍现代海洋预报技术的发展，如数值预报模型的应用，拓宽学生视野，培养学生对现代科技的兴趣。

5. 课堂互动与总结

在教学过程中，注重与学生的互动，通过提问、抢答等方式，及时了解学生的学习情况，鼓励学生积极参与课堂讨论。在课堂结束时，对本节课重点内容进行总结，强调海洋预报信息的重要性和应用价值，引导学生在课后继续关注海洋预报信息，培养学生的自主学习能力。

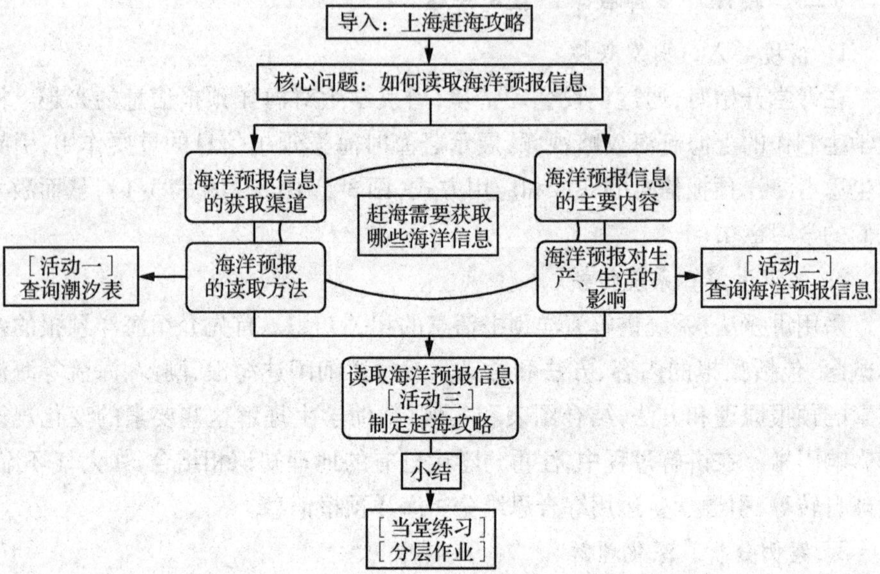

图 3-1　读取海洋预报信息教学流程图

主题：读取海洋预报信息

赶海地点：南汇（潮汐监测点：芦潮港）

获取信息：潮汐表（中秋）⟶ 适合赶海
　　　　　天气、海况信息⟶ 不适合赶海
海货种类
携带工具
乘车路线

获取渠道：上网搜索、抖音、小程序、
　　　　　官方机构、新闻媒体、专业软件、
　　　　　港口码头公告栏

图 3-2　读取海洋预报信息板书设计

表 3-1　读取海洋预报信息教学流程

教学过程			
教学环节	教师活动	学生活动	设计意图
开放式导入	【情境导入】上海赶海攻略 1. 赶海需要获取哪些信息？ 2. 上海哪里适合去赶海？	【问题导引】观看视频，思考问题。学生列举预报信息获取渠道。 核心问题：中秋节假期南汇适合赶海吗？	明确学习目标，了解学生的学习基础，展示核心知识。
核心过程推进	【活动一】查询潮汐表 【知识链接】读取海洋预报信息的方法	【学以致用】利用搜索引擎查询2024年9月17日芦潮港（南汇嘴）潮汐表，完成任务1、任务2。 查询2024年9月17日的潮汐表，将潮高数据填入下表。 根据潮汐表曲线图，判断该日赶海的最佳时间。 对比大潮和小潮的区别。	通过创设情境，学生学会读取海洋预报信息的方法。
	【活动二】查询海洋预报信息 【知识链接】海洋预报信息对生产生活的影响	【小组合作】登录中国海洋预报网 1. 查询浦东南部近岸海域24小时预报，将预报数据信息填入下图的空格内。 2. 查询2024年9月14日—9月20日浦东南部近岸海域所在的东海、台湾海峡海域海洋环境周预报信息，填写预报信息并判断南汇嘴的天气状况适不适合赶海。	通过小组合作，学生掌握海洋预报信息对生产生活的影响。
	【活动三】制定赶海攻略 【知识链接】读取海洋预报信息	【综合应用】1. 根据所学内容，选择以下任意一个地点，利用移动设备查询所需信息，四人小组制定近期赶海攻略。2. 小组汇报。	通过课堂实践，提高学生的观察能力、分析能力和表达能力。
课堂小结	【知识图谱】展示本节课的知识框架	【学生总结】学生回顾本节课所复习的主要内容。	引导学生回顾已学知识，使所学知识结构化。
当堂练习	【当堂练习】 1. 当潮汐表显示潮水高度从0.5米上升到1.2米时，这意味着（　　）。 A. 正在退潮　B. 正在涨潮　C. 处于低潮　D. 处于高潮 2. 以下哪个时间最适合赶海？（　　） A. 涨潮时。　B. 刚涨潮的时候。 C. 退潮时。　D. 高潮时。 3. 潮汐表上如果写着“满潮”，下面哪种说法正确？（　　） A. 此时海水退到最低位置。　B. 此时最适合寻找浅滩生物。 C. 此时海水涨到最高位置。　D. 此时海水不会流动。		

（三）课堂评价：互动性与趣味性

课程设计注重增强学习的互动性和趣味性。例如，在海洋预报信息的获取渠道环节中，我们设计了连线题。连线题作为一种互动式的教学活动，能够有效提升学生的参与度。学生可以分组讨论连线内容，这种小组合作的方式极大地增加了课堂的互动氛围。同时，连线题相对灵活有趣，相较于传统的问答式题目，它更像是一种游戏。我们用海洋信息获取渠道的图片和简短描述来设计连线题的选项，这样的设计能够吸引学生的注意力，让他们在轻松愉快的氛围中学习地理知识。

在海洋信息预报环节中，我们设计了活动三——制定赶海攻略实践活动。这一活动不仅增加了跨学科项目的趣味性，还重点培养了学生的海洋现象预测能力，提升了他们的地理素养。学生能够从地理角度出发，综合考虑自然和人文因素，对海洋环境的变化做出科学的预报。在这一过程中，学生会更加深刻地认识到保护海洋环境的重要性，从而强化环保意识。

我们还十分注重对学生的课堂活动和课后作业的评价。在制定赶海攻略实践活动中，通过活动评价来激发学生的学习兴趣和积极性。积极的评价可以为学生带来成就感，对他们起到正面的引导和激励作用。当学生的努力和成果得到认可，如教师对准确的海洋预报、精彩的汇报展示等给予表扬时，学生对地理学习的兴趣会进一步得到激发。

同时，评价也包括指出学生的不足之处，这可以促使学生进行自我反思。例如，为什么自己的预报不够准确，或者信息传达不够清晰，等等。这种自我反思能够激发学生改进的动力，让他们在后续的学习和实践活动中不断进步。

此外，我们还对学生课后的分层作业进行评价。对学生课后访问中国海洋预报网记录海洋信息的作业进行评价，有助于提供针对性反馈。通过观察学生记录、整理信息的方式，了解他们对大量复杂信息的筛选、分类、记录等处理能力，判断学生能否从众多数据中提取关键内容并规范呈现。根据学生普遍存在的问题，教师可以对教学内容进行调整。比如，如果很多学生在理解海洋信息的含义上有困难，教师就可以在后续课程中增加相关知识的讲解深度和广度。

对学生课后选择感兴趣的海洋灾害撰写研究报告的作业进行评价（表3-2），也有助于激发自主学习动力。当学生知道自己的研究报告将被评价时，会更有动力去主动深入了解感兴趣的海洋灾害，自主探索相关知识，而不是被动等待老师讲解。这种自主学习的意识和动力将对他们今后的学习生涯产生积极影响。研究报告需要学生用清晰、准确、有条理的文字将自己的研究成果表达出来。评价时我们会关注报告的语言表达、结构组织等方面，促使学生不断打磨自己的文字，提高用词的准确性、语句的流畅性及篇章的逻辑性，进而有效提升书面表达能力。通过评价反馈，学生可以了解到如何更好地组织内容以便让读者更容易理解，从而增强与他人通过书面形式进行有效沟通的能力。

表 3-2 读取海洋预报信息学生分层作业评价量表

<table>
<tr><th rowspan="2">作业项目</th><th rowspan="2">评价内容</th><th colspan="2">评价方式</th><th colspan="4">评价等级</th></tr>
<tr><th>自评</th><th>他评</th><th>A</th><th>B</th><th>C</th><th>D</th></tr>
<tr><td rowspan="3">层次一作业、层次二作业</td><td>信息获取的准确性：能否从中国海洋预报网准确找到并记录关键海洋信息。</td><td></td><td></td><td colspan="4" rowspan="7">A：真正实现并且效果显著。
B：完成情况较好且效果突出。
C：完成情况一般，效果不明显。
D：完成情况及效果均较差。</td></tr>
<tr><td>信息整理与记录的规范性：对获取的海洋信息进行整理和记录的规范程度。</td><td></td><td></td></tr>
<tr><td>对海洋信息的理解：是否理解所记录海洋信息的含义及其相关影响。</td><td></td><td></td></tr>
<tr><td rowspan="4">层次三作业</td><td>资料收集与运用：资料收集的全面性、准确性及在报告中运用资料进行论证的合理性。</td><td></td><td></td></tr>
<tr><td>内容分析与阐述：对所选海洋灾害的成因、影响、预防及应对措施等方面进行分析和阐述的深度与合理性。</td><td></td><td></td></tr>
<tr><td>结构组织与表达：报告的结构是否合理，语言表达是否清晰、准确、流畅。</td><td></td><td></td></tr>
<tr><td>创新思维与拓展：在报告中是否展现出创新思维，如提出新的观点、分析方法、应对策略等，以及是否有对相关知识的拓展应用。</td><td></td><td></td></tr>
</table>

四、成效亮点：意识素养提升与学习能力驱动

在高中地理教学体系中，海洋预报信息作为反映海洋环境动态变化的重要资料，对于学生的知识获取、能力培养及素养提升具有不可忽视的作用。通过对海洋预报信息的学习与读取，学生不仅深化了海洋地理知识的学习，更在意识层面和学习动力方面展现出了显著的积极变化。下面将从意识提升与学习驱动两个核心维度深入探讨高中地理读取海洋预报信息教学所取得的成效与亮点。

（一）意识提升方面的成效亮点

1. 海洋保护意识的显著增强

在高中地理教学中引入海洋预报信息的学习，能使学生对海洋环境的复杂性和脆弱性有更为深刻的认识。通过分析海浪、潮汐、海流等预报信息，学生了解到海洋生态系统的微妙平衡是如何被打破的。例如，在学习赤潮预报时，学生明确认识到海水中某些营养物质浓度变化、水温异常等因素会引发赤潮，而赤潮的发生会对海洋生物的生存环境造成严重破坏，导致大量鱼类和贝类死亡。这种对海洋生态环境问题的深入了解，促使学生认识到保护海洋环境的紧迫性。

学生们在读取海洋预报信息的过程中关注到人类活动对海洋环境的诸多负面影响，如过度捕捞、海上石油泄漏、沿海工业污染等。这些认识激发了他们内心的责任感，许多学生开始主动关注海洋环境保护的新闻和动态，积极参与学校或社区组织的海洋保护宣传活动。有的学生甚至在学校发起了“保护海洋，从我做起”的倡议活动，通过制作海报、发放传单等方式，向同学们宣传海洋保护的重要性，这充分彰显了学生海洋保护意识从认知到行动的转变。

2. 灾害防范意识的大幅提升

海洋预报信息中的海浪、风暴潮、海啸等预报内容与沿海地区人民的生命财产安全息息相关。学生在学习这些预报信息的过程中了解到灾害的形成机制、危害及提前预警的重要性。以风暴潮预报为例，学生通过分析相关数据，明白了风暴潮是由强风、气压变化等因素引发的海水异常升降现象，它可能会淹没沿海低地、冲毁海堤、破坏房屋和基础设施。

通过对实际案例的研究，如历史上某次严重的风暴潮灾害及其造成的巨大损失，学生深刻体会到了灾害的破坏力。这种认识使他们在面对可能的海洋灾害时能够保持冷静，并且懂得如何根据海洋预报信息采取有效的防范措施。在学校组织的防灾减灾演练中，学生们能够依据所学的海洋灾害预报知识正确地进行疏散和避险，这表明他们的灾害防范意识和应对能力得到了切实提升。

3. 全球视野与合作意识的逐步拓展

海洋是一个全球性的生态系统，海洋预报信息的变化往往受到全球气候、大气环流等多种因素的影响。学生在读取海洋预报信息时了解到不同地区的海洋环境是相互关联的。例如，厄尔尼诺现象会导致太平洋海域海水温度异常变化，进而影响全球的气候和海洋生态系统，引发一系列连锁反应，如某些地区降水异常、渔业资源分布改变等。

这种对全球海洋环境相互依存关系的认识拓宽了学生的视野，使他们开始从全球的角度看待海洋问题。同时，学生们也意识到，解决全球性的海洋问题需要各国之间的通力合作。在课堂讨论中，学生们积极探讨在海洋观测、数据共享、灾害预警等方面的国际合作案例，如各国共同参与的全球海洋观测系统（GOOS）。这种交流和讨论培养了学生的全球视野和合作意识，使他们明白在面对海洋挑战时只有通过国际合作，才能更好地保护海洋环境，实现可持续发展。

（二）学习驱动方面的成效亮点

1. 激发对地理学科的浓厚兴趣

传统的高中地理教学内容有时可能让学生觉得抽象且枯燥，但海洋预报信息的引入为地理学习注入了新的活力。海洋预报信息涵盖了丰富的实际案例和动态变化的数据，这些内容对学生极具吸引力。当学生们读取海浪、潮汐等预报信息时，仿佛置身于浩瀚的海洋之中，亲身领略着海洋的神秘与魅力。

例如，在学习海流预报时，学生们对不同海流的流向、速度及它们对全球气候和海洋生物分布的影响充满好奇。为了更深入地探究这些知识，学生们主动查阅资料、观看科普视频，甚至自发组织小组讨论。这种对知识的主动探索和追求充分证明了海洋预报信息有效激发了学生对地理学科的浓厚兴趣，使他们从被动学习转变为主动学习。

2. 提升综合思维与探究能力

读取海洋预报信息需要学生综合运用地理、物理、数学等多学科知识。学生在分析海洋预报数据时，既要考虑大气环流、地球自转偏向力等地理因素对海浪、海流的影响，又要运用数学方法对数据进行处理和分析。例如，在解读海洋温度预报数据时，学生需要运用图表分析的方法，找出温度变化的规律，并结合地理知识解释其成因。

这种跨学科的学习和分析过程培养了学生的综合思维能力。此外，在学习海洋预报信息的过程中，教师通常会设置一些探究性问题，引导学生进行自主探究。比如，让学生探究某一地区海洋预报信息的变化与当地经济发展之间的关系。学生们通过收集资料、实地调查、数据分析等方式进行研究，在这个过程中，他们的探究能力得到了显著提升。

3. 增强自主学习与合作学习能力

在读取海洋预报信息的教学过程中，教师鼓励学生自主收集资料、分析数据和解决问题。学生们需要学会利用互联网、图书馆等资源，获取最新的海洋预报信息和相关研究成果。在自主学习的过程中,学生们逐渐掌握了有效的学习方法和技巧,提高了自主学习能力。

同时,许多学习任务需要学生通过小组合作的方式完成。例如,在进行海洋预报信息的案例分析时,学生们分组讨论,共同分析问题,提出解决方案。在小组合作过程中,学生们学会了倾听他人的意见,发挥自己的优势,相互协作,共同完成学习任务。这种合作学习的方式不仅提高了学生的学习效率,还培养了他们的团队合作精神和沟通能力。

4. 促进理论知识与实际应用的结合

海洋预报信息本身具有很强的实用性,与人类的生产生活密切相关。在学习过程中,学生了解到海洋预报信息在航海、渔业、海洋工程等领域的广泛应用。例如,在航海中,准确的海浪和海流预报可以帮助船只选择最佳航线,节省燃料和时间,提高航行安全性;在渔业生产中,海洋温度和盐度预报可以帮助渔民确定鱼类的洄游路线和栖息区域,提高捕鱼效率。

通过学习这些实际应用案例,学生们深刻认识到地理知识的实用性,从而更加重视对理论知识的学习。同时,学生们也有机会将所学的理论知识应用到实际问题的解决中。例如,在学校组织的模拟航海活动中,学生们运用所学的海洋预报信息,为船只规划航线,应对各种可能的海洋状况。这种理论与实践的结合不仅加深了学生对知识的理解和掌握,还提高了他们解决实际问题的能力。

五、深度思考:教学成果反思与内容强化策略

在高中地理教学中,读取海洋预报信息作为一项重要的教学内容,对于培养学生的地理核心素养、提升学生对海洋环境的认知,以及增强学生的实践应用能力,均发挥着关键作用。经过一段时间的教学实践,有必要对读取海洋预报信息教学的成果进行全面评价,以明确教学的优势与不足,并在此基础上进一步强化教学内容,为未来的教学提供更加有效的指导。下面将从成果评价与内容强化两个方面对高中地理读取海洋预报信息教学进行全面的总结与展望。

(一)成果评价

1. 知识掌握情况

在学习读取海洋预报信息的过程中,学生对海洋地理的相关知识有了较为系统的掌握。他们能够准确识别海浪、潮汐、海流、海洋气象等常见海洋预报信息的类型,并理解其基本含义。例如,学生可以清晰阐述浪高、潮高、流速、风向等关键指标的意义,以及这些指标与海洋环境的内在联系。通过课堂测验和课

后作业的反馈,大部分学生能够正确解读简单的海洋预报图表和数据,对海洋预报信息的基本原理,如潮汐的形成与月球引力、地球自转的关系等,也有了一定的理解。

2. 技能提升表现

在技能方面,学生的信息读取和分析能力得到了显著提升。他们能够运用地理信息技术,如地理信息系统(GIS)和遥感(RS)技术,辅助分析海洋预报数据。例如,部分学生能够利用GIS软件对海洋温度、盐度等数据进行可视化处理,绘制出直观的分布图,从而更清晰地理解海洋环境的空间变化。此外,学生在数据处理和图表绘制方面的技能也有所进步,能够根据海洋预报数据制作折线图、柱状图等,分析数据的变化趋势,为解决实际问题提供依据。

3. 学习方法的掌握

在教学过程中,学生逐渐掌握了科学的学习方法。通过小组合作探究、案例分析等活动,学生学会了自主收集、整理和分析海洋预报信息。他们能够充分利用图书馆、互联网等资源,获取丰富的海洋预报资料,并对这些资料进行筛选和整合。在案例分析中,学生学会了从不同角度思考问题,运用综合思维分析海洋预报信息与地理环境、人类活动之间的相互关系。例如,在分析某次风暴潮对沿海地区的影响时,学生不仅考虑了风暴潮的强度和范围,还结合当地的地形、海岸线形态及人类的防护措施等因素,全面评估了风暴潮的危害程度。

3. 实践能力的发展

学生的实践能力在读取海洋预报信息的教学中得到了锻炼。通过参与校内的地理实验和校外的实践活动,如参观海洋观测站、实地测量潮汐等,学生将理论知识与实践进行结合。在海洋观测站,学生亲身体验了海洋观测设备的操作过程,了解了海洋预报信息的获取方式;在实地测量潮汐时,学生学会了使用简单的测量工具,记录潮汐的变化数据,并与海洋预报数据进行对比分析。这些实践活动提高了学生的动手能力,还增强了他们解决实际问题的能力。

4. 学习兴趣的激发

读取海洋预报信息的教学内容激发了学生对地理学科的浓厚兴趣。海洋的神秘和多变吸引着学生的好奇心,他们对海洋预报信息的探索欲望不断增强。在课堂上,学生积极参与讨论,提出各种问题,表现出对海洋地理知识的强烈求知欲。课后,许多学生主动查阅相关资料,观看海洋科普纪录片,进一步拓宽自己的知识面。部分学生还表示,希望将来能够从事与海洋相关的研究或工作,这充分体现了教学对学生学习兴趣的积极影响。

5. 海洋意识的增强

通过学习,学生的海洋意识得到了显著增强。他们深刻认识到海洋在全球生态系统中的重要地位,以及海洋环境变化对人类社会的深远影响。学生们积极关注海洋环境保护问题,主动参与海洋保护宣传活动,倡导身边的人共同爱护海洋资源。同时,学生对海洋灾害的防范意识也有所提高,他们能够根据海洋预报信息,正确应对可能出现的海洋灾害,如风暴潮、海啸等,从而增强了自我保护能力和社会责任感。

(二) 存在的问题

1. 知识深度与广度不足

尽管学生对海洋预报信息的基础知识已有一定掌握,但在知识的深度和广度方面仍存在欠缺。对于一些复杂的海洋预报原理,如数值预报模型的构建和应用,学生理解起来较为困难。此外,教学内容主要聚焦于常见的海洋预报信息类型,而对海洋生态环境预报、海洋灾害风险评估等一些新兴的海洋预报领域则涉及较少,这在一定程度上限制了学生知识面的拓展。

2. 实践活动有局限

当前的实践活动存在一定的局限性。校内地理实验设备相对有限,难以满足学生对复杂海洋观测和模拟实验的需求。校外实践活动则受时间、地点、安全等多重因素的限制,组织频次较低,学生参与的机会相对较少。此外,实践活动与教学内容的结合不够紧密,部分学生在实践中未能将所学知识充分应用到实际操作中,实践效果有待进一步提升。

3. 教学评价体系不够完善

课程的评价体系仍以传统的考试和作业评价为主,对学生的过程性评价和综合性评价重视不足。这种评价方式难以全面反映学生在学习过程中的实际表现和进步,不利于激发学生的学习积极性和创新思维。同时,评价标准不够细化,缺乏对学生在信息读取、分析和应用能力等方面的具体评价指标,从而影响了评价的准确性和有效性。

(三) 内容强化策略

1. 深化理论知识教学

针对知识深度不足的问题,教师在教学中可以适当引入一些高级的海洋预报理论知识,如海洋动力学、海洋热力学等相关内容,以帮助学生更好地理解海洋预报的原理。对于数值预报模型,学生可以通过简洁明了的案例分析,初步了解模型的基本构建思路和应用方法。同时,加强对海洋预报技术发展历程的介绍，让学生了解海洋预报从传统方法到现代技术的演变过程，从而拓宽学生的视野。

2. 拓宽教学内容领域

为了拓宽知识广度，教学内容应涵盖更多新兴的海洋预报领域。例如，增加海洋生态环境预报的教学内容，让学生了解海洋生物的多样性、海洋污染等方面的预报方法和意义。引入海洋灾害风险评估的相关知识，使学生学会评估海洋灾害对人类社会和经济的潜在影响，并掌握风险防范和应对策略。通过拓展教学内容，丰富学生的知识储备，提高学生对海洋环境的综合认知能力。

3. 加强校内实验设施建设

学校应加大对地理实验室的投入，购置先进的海洋观测和模拟实验设备，如潮汐模拟装置、海浪监测仪器等，为学生提供更多实践操作机会。同时，教师可以开发一些与教学内容紧密结合的实验项目，引导学生通过实验探究海洋预报信息的奥秘。例如，让学生通过实验模拟不同气象条件下海浪的生成和变化过程，从而加深对海浪预报原理的理解。

4. 丰富校外实践活动形式

积极拓展校外实践活动资源，与海洋观测站、科研机构、海事部门等建立长期合作关系，定期组织学生进行参观和实习。同时，创新校外实践活动形式，如开展海洋调查实践项目，让学生亲身参与实际的海洋数据采集和分析工作。此外，还可以鼓励学生积极参加各类海洋科技竞赛和科普活动，提高实践能力和创新精神。

5. 强化过程性评价

建立全面的过程性评价机制，关注学生在学习过程中的表现和进步。教师可以通过课堂表现评价、小组合作评价、作业完成情况评价等多种方式，对学生的学习态度、参与度、合作能力等进行全面综合的评价。同时，利用学习日志、反思报告等形式，引导学生记录自己的学习过程和心得体会，促进学生的自我反思和自我提升。

细化评价标准：制定详尽具体的评价标准，明确对学生在信息读取、分析和应用能力等方面的具体要求。例如，在信息读取方面，评价学生是否能够准确识别不同类型的海洋预报信息；在分析能力方面，评价学生是否能够运用所学知识对海洋预报数据进行合理分析和解释；在应用能力方面，评价学生是否能够将海洋预报信息灵活应用到实际问题的解决之中。通过细化评价标准，提高评价的科学性和准确性，为学生的学习提供更具针对性的反馈和指导。

（四）展望

随着教育改革的持续深入及对学生核心素养培养的日益重视，高中地理读取海洋预报信息教学将迎来新的发展机遇。未来，教学将更加注重跨学科融合，将地理、物理、数学、信息技术等多学科知识有机融合，旨在培养学生的综合思维和创新能力。同时，伴随着信息技术的迅猛发展，虚拟现实（VR）、增强现实（AR）等前沿技术将逐步融入教学之中，为学生带来更加沉浸式的学习体验，从而显著提升教学效果。

在教学评价层面，我们将更加注重评价的多元化和个性化，充分发挥评价的激励与导向功能，全面促进学生的发展。此外，我们还将在教育理念和教学方法方面加强国际交流与合作，积极引进国外优秀的海洋地理教学资源，不断完善我国高中地理读取海洋预报信息教学体系，以培养出具有全球视野和海洋意识的高素质人才为目标，为我国的海洋事业发展和海洋强国建设贡献力量。

通过对高中地理读取海洋预报信息教学的成果进行客观评价，并对教学内容进行有针对性的强化，我们能够更好地总结经验，发现问题并采取有效的改进措施。在未来的教学中，我们将不断创新和完善教学方法与内容，努力提升教学质量，使学生在读取海洋预报信息的学习过程中获取更多知识和技能，全面提升他们的综合素养，为他们的未来发展奠定坚实的基础。

第二节　“外来舞者”：外来生物入侵问题的研究与防治

一、背景：生物入侵危机与课程建设现实诉求

近二三十年来，有一种生态灾难愈演愈烈，却尚未引起人们的充分重视——那便是生物入侵。与其他全球性环境问题不同的是，个人行为能对此产生直接影响，因此人们对生物入侵问题是否具备足够的认知至关重要。外来生物入侵对生物多样性、生态环境及人类社会经济活动均产生了深远影响，已成为一个不容忽视的全球性问题。外来物种入侵后，会改变当地生态系统的结构和功能，对农业、林业、渔业等经济领域造成重大损失；同时，一些外来物种可能携带病原体，成为疾病的传播媒介，对人类健康构成严重威胁。目前，生物入侵对生物多样性造成的危害已经十分显著。在学生生活的周围，外来入侵物种时常出现：每年加拿大一枝黄花盛开的季节，随处可见的黄色花瓣和数量庞大的

植株对当地植物多样性造成了极大影响；小龙虾也已成为人们餐桌上的常客；福寿螺粉红色的虫卵更是校园河两岸司空见惯的“盛景”……因此，外来生物入侵这一主题与生活、生态等息息相关，也引起了学生的兴趣。

沪科版高中《生物学》教材选择性必修二《生物与环境》模块多次提及生物入侵，如入侵物种的种群数量增长曲线、入侵物种与本地物种之间的相互作用、入侵物种与生态平衡的关系及其防治等，但内容尚未完全专题化，不能满足大部分学生的求知欲。《普通高中生物学课程标准(2017 年版 2020 年修订)》也在选修课程板块提出了“外来生物入侵与防控”模块的开设建议：建议调查外来生物入侵本地的基本情况，对其危害程度做出初步评估，从而帮助学生提高对生物入侵危害性的认识，并提出一些阻止外来生物进一步危害本地生态系统的措施和建议。实际上，若要深入剖析生物入侵这一生态环境问题，会涉及众多案例、图片、史实，涵盖历史、地理、生物学等多学科元素，非常适合采用跨学科项目化学习方式。

在培养学生生态科技素养方面，以生态科技教育为特色的学校课程注重学生在真实的问题解决过程中开展跨学科项目化学习。学校要求在不同的年级中开展序列化课程设计，结合学校生态实践周的时间，充分利用校内外资源，集中开展跨学科项目化研究，培养学生在生态文明知识、生态文明情感、生态文明意识、生态文明行为等方面的生态科技素养。

综上可见，有趣的话题、学科学习的需求及学校发展的需求共同催生了外来生物入侵跨学科项目化学习的设计与开发。本课程以“生物入侵”这一生态问题为切入口，鼓励学生发现生态问题，思考其危害，提出防治措施。

二、主题设计：入侵机制研究与防治策略开发

生物入侵是当下严峻的生态学问题，了解其来龙去脉、产生原因、生物入侵形势及物种入侵的策略等，是进行生物入侵防治的前提。因此，外来生物入侵的课程应有助于学生认识生物入侵的概念、途径、危害性，树立生物与生物、生物与环境、人类与环境和谐发展的意识，提高保护生物多样性和保护环境的自觉性。(贺燕青，2021：55)同时，要强化学生的生态保护意识，落实生态保护行为。

(一) 课程目标

作为校本化课程，其目标的设定须兼顾中心学科的学科核心素养目标与学校的教育理念。生态科技素养是个体在学习和生活中逐步习得、积累而形成

的，它涵盖了生态知识、生态意识、生态技能、生态行为能力等多个维度的综合素质。

生态知识是生态科技素养的基础层面，包括自然生态和人文生态知识；生态意识则体现了人与自然和谐发展的新型价值观，如对自然的情感、生态保护的责任感和行为意愿，以及生态敏感度等；生态技能是学习者在思考、识别和应对生态学问题时所必备的技巧和能力；生态行为则是在知识、技能、意识的指导下表现出来的预防和解决生态学问题的实际行动。

“外来生物入侵”这一课程综合了学科背景与学校育人目标，将生态科技素养各维度的课程目标细化为以下几个方面。

1. **生态知识方面**

了解并掌握生物入侵相关的生态知识，如生物入侵的概念、策略、危害等。

2. **生态意识方面**

增强抵制生物入侵的生态意识和责任感。

3. **生态技能方面**

开展生物入侵现状调查，针对外来入侵物种的危害及防治原理进行科学实验研究分析，掌握基本的研究方法，建立科学的生态思维方式。

4. **生态行为方面**

具备自觉抵制生物入侵的行为意愿，并能在日常生活中切实落实“防止生物入侵，保护生物多样性”的生态行为。

（二）课程框架

“外来生物入侵”这一校本化课程按照学校生态实践周的统一规划，分为三个阶段实施。每个阶段的课程目标之间既相互关联，又呈现梯度化进阶：从第一阶段对外来生物入侵问题的观察与发现，到第二阶段的深入研究，再到最后一个阶段的问题解决。这三个阶段分别对应 A1、A2、A3，课程的整体框架如表 3-3 所示。

表3-3 “外来生物入侵”课程框架

阶段	教学目标	教学内容	学生成果	核心素养
A1 外来舞者	1. 理解外来入侵物种的含义。 2. 学会使用表格、自然笔记、照片拍摄等记录整理数据,发现校园环境中的外来入侵动植物,可做长期或季节性观察记录。 3. 能用不同形式展示自己的发现,最好有创意。	故事导入,学习外来入侵种的概念。 慕课学习外来入侵的路径、中国外来生物入侵的现状等。 借助表格等工具进行校园内活动。 (1)活动地点:校园特别是西部校区。 (2)活动目的:发现校园的外来入侵动植物种类(包括陆生及水生),明确其原产地和所属科、属、种,研究其入侵策略、防治方法等。 (3)活动要求:以小组为单位,完成任务单。可查阅资料,以文字或绘画的形式表现其主要特征。 4. 成果展示:展示小组的观察记录结果。 5. 评价:生态实践周,教师结合评价工具评选人气奖、创意奖、科学奖等。	研究报告 记录表格 自然笔记	生命观念 科学思维 科学探究
A2 外来入侵者追踪	1. 关注外来入侵物种与本地物种的长势,并会用数据记录差异。 2. 能从水、土、植物自身(如花、果实、种子、根系)等多角度分析外来入侵物种的生存优势和适应特点,可以借助解剖镜、放大镜等做研究记录。 3. 从系统的角度分析外来入侵物种对本土环境因素的塑造。	学习慕课生物入侵的策略。 分析外来入侵动植物的生境特点。 就校园某一种外来入侵生物,聚焦观察记录分析其结构功能特点、生活史、与水土等非生物因素的关系。 查阅文献,补充自己的观察记录和推理,做出合理科学的解释,也可以就自己发现的问题展开实验室的探究。 展示你的探究结果。 评价:小课题研究的展示,可以通过幻灯片或者视频的形式进行。	观察记录 数据 研究报告	生命观念 科学思维 科学探究
A3 外来入侵防治	1. 从生态系统的角度分析外来生物入侵对生物多样性的影响,如遗传、物种、生态系统多样性的影响。 2. 查阅文献,从社会经济角度分析外来生物入侵的防治。 3. 查阅资料,针对校园的某种入侵植物或者动物,思考如何做出接近校园实际的解决方案,并草拟一份倡议书,在学校升旗仪式上发言。	1. 结合崇明东滩、云南滇池的案例对外来入侵植物互花米草、水葫芦等进行案例分析(在文献检索的基础上),并学习国家的治理修复措施。 2. 就相关案例从社会、经济、司法、海关检疫等不同角度思考校园外来入侵动植物的防控。 3. 就校园入侵动植物探究其源头,尝试提出解决方案并草拟倡议书,开展生态行动落实。 4. 成果展示。对优秀解决方案或倡议书进行评选,做一次升旗仪式发言、展板制作评比等。	课题报告	生命观念 科学思维 科学探究 社会责任感

（三）跨学科项目化学习的设计

跨学科项目化学习遵循项目化学习设计的一般流程。首先，确立要开展的某一项目的学习目标；其次，坚持目标导向，选择教学内容，内容选择综合考量关键概念、核心技能、思维培养、实践立意等多个方面，可以从核心素养提升的角度出发来确定教学内容。在设定目标、内容的同时，为确保教、学、评的一致性，坚持“以终为始”的原则设计项目评价设计，确保评价贯穿项目研究的整个过程。

项目化学习经历入项、实施、出项三个阶段。在整个过程中，以下几个要素至关重要。

入项阶段的真实情境创设，以及本质问题和驱动性问题的提炼。本质问题主要是围绕跨学科概念、技能的培养所产生的问题，而驱动性问题则是本质问题在该项目化学习中的具体体现，具有很强的个性化和趣味性，能够激发学生的探究兴趣。

项目实施阶段，特别重要的是围绕驱动性问题解决的系列任务设计；出项阶段，最主要的是成果展示以及交流评价。下面以 A2 阶段的项目化实施为例具体阐述。

入项阶段：提供崇明东滩芦苇顶枯病的情境，提出驱动性问题，如“外来入侵生物采用哪些生存策略，对生态系统的影响如何？”

项目实施阶段：小组合作，借助活动单，聚焦某一入侵生物物种进行观测和资料查询，构建本小组的汇报内容。

出项阶段：以海报和幻灯片的形式呈现本小组的研究成果，展示交流小组作品。组内和组间借助评价量表进行作品评价。

在本课程中，为了引起学生的探究欲望，我们为每个阶段的课程取了富有创意的名称。A1 阶段名为“外来舞者”，启发学生结合案例对“舞者”的特征进行比较总结，发现校园周边的外来物种；A2 阶段名为“外来入侵者追踪”，引导学生对外来入侵物种在生态系统中所扮演的角色及其对生态系统的影响进行理论和实践探索；A3 阶段名为“外来入侵者防治”，让学生综合社会、经济、科学、法律等不同的手段，进行角色体验，提出可行的防治措施，并进行一定的宣传。

三、实施步骤：阶段性模块教学与兴趣激发

课程的实施采用三阶段模块式教学，以项目化学习方式推进，充分发挥学

生的主体作用。以小组为单位,开展合作学习与成果汇报,培养学生查阅文献与综述、发现与提出问题、探究与解决问题、成果展示与交流等多方面能力。在每个阶段的课程中都注重对学生兴趣的激发。具体做法包括:选取一个吸引人的主题名称,设置有挑战性的驱动性问题,设计有趣且能全体参与的调研活动,呈现图文并茂的研究成果,以及给予有成就感的成果评价与奖励等。

为了配合课程的开展,增强课程的趣味性和互动性,本课程还为学生提供了丰富的慕课资源。慕课课程的整体架构原则是为学生打造一个完善的微课程学习系统,包括基于知识地图的学习导航系统和由视频、参考文献、网站、书籍等组成的丰富的学习资源系统,以及以课后提问的形式增强与学生的互动,并建立包括思考题和小课题研究要求在内的学习评价系统。

课程由7个微视频组成,内容分别是:从两则故事开始、给生物入侵者画个像、生物入侵路径、生物入侵攻略、生物入侵引发的生物多样性之殇、中国生物入侵现状、对生物入侵者的防范等。在拓展资源栏目中,为学生呈现了相应的参考资料。为增强与学生的互动,课程采用节后提问的方式,既有助于学生自我检测,也便于每个学习者按照自己的节奏开展学习活动。此外,在问题探讨部分,规定学生必须完成的问题讨论和回帖发言的次数,并鼓励学生展示分享小课题方案,作为对学生的学习评价,督促学生自主学习。

以下是三个阶段课程模块开展的具体介绍。

(一)“外来舞者”教学设计

“外来生物入侵”是学校生态实践周校园观察的内容之一,旨在对校园内的动植物进行深入研究,特别关注影响生物多样性的物种。本课程注重引导学生关注生物入侵对生态系统的影响,树立与自然和谐共处的理念。

“外来舞者”作为学校生态实践周系列课程“外来生物入侵”的A1阶段,其主要目的是发现校园环境中的外来入侵者。

1. 项目级别

A1级,适合高一年级第一学期。

2. 教学目标

A. 理解外来入侵种的含义。

B. 学会使用表格、自然笔记、照片拍摄等记录整理数据,发现校园环境中的外来入侵动植物,并可进行长期或季节性观察记录。

C. 能用不同形式展示自己的发现,进行有创意的表达。

3. 教学重难点

A. 重点

根据特征，观察识别校园外来入侵动植物。

B. 难点

观察校园外来入侵动植物，并学会使用工具进行记录。

4. 学习资源

科技工具：放大镜、数码相机、植物检索表、手机应用。

其他资源：外来生物入侵调查任务单、演示文稿、慕课资源。

5. 教学过程

表 3-4 “外来舞者”教学过程

教学环节		教师活动	学生活动	设计意图	主要的科技工具
入项	故事导入	播放澳大利亚兔子及斑马贻贝的故事	聆听 思考外来入侵种的特征	借助故事，激发学生的兴趣，学习外来生物入侵的概念	电脑
	驱动性问题	在我们生活的周边是否潜藏着外来入侵物种呢？			
项目实施	外来生物入侵的路径及中国生物被入侵的现状	幻灯片及慕课播放	聆听 结合中西方历史、地理知识理解外来生物入侵的历史	了解其危害	
	校园入侵生物的调查	布置任务，带队调查	借助表格等进行校园内活动 (1)活动地点：校园(特别是西部校区) (2)活动目的：发现校园的外来入侵生物种类(包括陆生及水生)，明确其原产地及所属科、属、种，研究其入侵策略、防治方法等 (3)活动要求：以小组为单位，完成任务单；可查阅资料，以文字或绘画的形式表现其主要特征	学习信息的采集 学习自然笔记等记录方法	植物检索表或者“识花君”“形色”等手机应用的使用
出项	成果展示与评价	学生以小组为单位展开汇报，组间互评	汇报与评价	提高学生的表达力和表现力	数码相机等

6. 教学评价

表 3-5　自然笔记评分量表

评分要素	评分等级				
	5	4	3	2	1
科学性:绘画作品能科学表达动植物特征,比例科学(占比 30%)					
美观性:绘画作品绘图清晰,色彩明亮(占比 20%)					
观察持续性:能反映作者多次连续的观察记录(占比 30%)					
要素完整性:有科学的、必要的备注说明及指示(占比 20%)					
总分					

（二）“入侵者追踪”教学设计

“外来入侵者追踪”是学校生态实践周系列课程“外来生物入侵”的 A2 阶段,该阶段课程内容是在 A1 阶段“外来舞者”对校园外来生物入侵这一生态学问题有所发现基础上的进一步探究,主要目的是对外来入侵物种的“生境”进行研究,树立生物与环境相适应、生物与环境相互影响等生命观念。

1. 项目级别

A2 级,适合高一年级第二学期。

2. 教学目标

A. 关注外来入侵物种与本地物种的长势,并学会使用数据记录其差异(可借助手机测距仪等工具)。

B. 能从水、土、植物自身(如花、果实、种子、根系)等多角度分析外来入侵物种的生存优势和适应特点,并借助解剖镜、放大镜等工具做出研究记录。

C. 从系统的角度分析外来入侵物种的生态位及对本土环境因素的塑造作用。

3. 教学重难点

A. 重点

a. 多角度分析外来入侵物种适应环境的特点,借助仪器做出研究记录。

b. 利用系统观分析外来入侵物种的生态位及其生态价值。

B. 难点

以思维导图的形式系统展示外来入侵物种的生态位以及对本土环境因素的塑造。

4. 学习资源

A. 科技工具

放大镜、解剖镜、手机测距仪、数码相机、植物检索表等。

B. 其他资源

外来入侵物种与生境相互作用任务单、演示文稿、慕课资源。

5. 教学过程

表3-6 "入侵者追踪"教学过程

教学环节		教师活动	学生活动	设计意图	主要的科技工具
入项	情境导入	2010年7月,科学家发现崇明东滩湿地土著植物芦苇的顶枯病,而其周围生长的互花米草却很旺盛。这是什么原因呢?如果是你,你怎么去研究? 呈现科学家的研究: 分离镰刀菌—判断物种及相似物种—与互花米草的关系—寻找可能原因	思考 推测	认识外来入侵物种可能的"生存计谋"	电脑、屏幕
	驱动性问题	外来入侵物种都有哪些生存策略?如果让它处于优势生态位,它又会对周围环境产生怎样的影响呢?		统摄本次项目研究	
	生物入侵的策略	播放慕课资源	学生自学慕课资源:不同生物的生存策略	学习外来入侵物种在哪些形态结构或生活方式上比本土物种更加适应于环境	
项目实施	分组聚焦研究某一生物与环境因素的相互作用	引导学生进行文献查阅及资料整理和分析	就某一种外来入侵生物,聚焦观察记录分析其结构功能特点、生活史、与水土等非生物因素的关系; 查阅文献,补充自己的观察记录和推理,做出合理科学的解释,也可以就自己发现的问题展开实验室的观察探究	综合运用物理、化学、生物、地理等知识,从个案分析入手,得出一般规律	放大镜、解剖镜、数码相机等

续表

教学环节		教师活动	学生活动	设计意图	主要的科技工具
出项	展示探究成果	组织学生展示交流	将自己的研究发现以幻灯片、思维导图的形式进行展示交流	表达与交流、思辨与质疑的能力培养	数码相机、电脑、幻灯片

6. 教学评价

表 3-7　思维导图评分量表

评分要素	评分等级				
	5	4	3	2	1
整体形状美观,主题突出,主干、支干清晰					
色彩搭配合理,图案文字搭配恰当					
分类标准合理,关键词概括得当					
方便记忆,利于学习与传播					
内容拓展适当,信息量适当					
总分					

表 3-8　演示文稿演讲评分量表

评分要素	评分等级				
	5	4	3	2	1
小组合作的作品有良好分工					
开场白有吸引力;结尾有力;内容精练、完整、重点突出、科学有逻辑					
态度端正,体态得体,能与听众进行良好互动,演讲效果良好					
语言规范,声音洪亮,吐字清晰,语音语速恰当					
PPT 制作美观、新颖,布局合理					
总分					

（三）“外来入侵防治”教学设计

“外来入侵防治”是学校生态实践周系列课程“外来生物入侵”的 A3 阶段。该阶段课程内容是在 A1、A2 阶段对外来生物入侵这一生态学问题进行观察、思考的基础上尝试提出解决生态问题的行动方案。

1. 项目级别

A3 级,适合高二年级第一学期。

2. **教学目标**

A. 从生态系统的角度分析外来生物入侵对生物多样性(包括遗传多样性、物种多样性、生态系统多样性等)的影响。

B. 查阅相关文献,从社会、经济等角度分析外来生物入侵的影响及防治措施。

C. 查阅资料,进行实验探索,针对校园内的某种入侵植物或动物,制订出贴近校园实际的解决生物入侵问题的方案。

3. **教学重难点**

A. 重点

a. 从不同角度分析外来生物入侵的影响,提出综合防治措施;

b. 综合各种因素,做出接近校园实际的解决生物入侵问题的方案。

B. 难点

在资料查阅、实验探索的基础上提出符合校园实际的生物入侵解决方案。

4. **学习资源**

A. 科技工具

数码相机、数字图书馆等。

B. 其他资源

自主阅读资料、幻灯片课件、慕课资源等。

5. **教学过程**

表 3-9 “外来入侵防治”教学过程

教学环节		教师活动	学生活动	设计意图	主要的科技工具
入项	案例学习	结合慕课资源,介绍崇明东滩、云南滇池的案例,对外来入侵植物互花米草、水葫芦等进行案例分析	聆听及阅读教师提供的资料	聚焦案例,透彻分析	数字图书馆
	驱动性问题	如何从生物、经济社会、法律等不同角度看待外来生物入侵问题	就相关案例从社会、政治经济、司法、海关检疫等不同的角度进行观察思考	跨学科看问题	数字图书馆

续表

教学环节		教师活动	学生活动	设计意图	主要的科技工具
项目实施	校园入侵植物的防控行动方案设计	针对校园入侵植物的防控给出有理有据的行动方案设计	就校园入侵动植物探究其源头，尝试设计实验方案，提出解决方案并草拟倡议书，开展生态行动落实	跨学科解决问题	数字图书馆
出项	成果展示	参与组织交流展示	解读本小组的解决方案	交流展示	电脑、幻灯片

6. 教学评价

表 3-10 方案设计评分量表

评分要素	评分等级				
	5	4	3	2	1
能正确描述或识别研究问题，研究目的明确（占比 20%）					
若做实验，能确定因变量、自变量与无关变量，并能控制无关变量，坚持单一变量原则（占比 30%）					
设计的解决方案符合实际，具有可操作性（占比 30%）					
解决问题方案描述严谨，用语科学准确（占比 20%）					
总分					

四、成效亮点：成长思维进步与特色发展呈现

自课程实施以来，伴随着学校特色高中创建工作的开展，该课程无论是在线上还是在线下都经历了多轮实践。笔者也收到了学习者对课程的积极反馈：学生在讨论区的发帖和回帖积极踊跃，课程的教学效果显著。从学习者提交的作业来看，课程目标得以有效落实，学生在生态情感、知识、意识、行动等方面均表现出色；从线下活动的开展情况来看，学生能够将线上理论学习所得应用于实践研究中，生态宣传和行动力得到了充分展现。部分学生还进行了相关的课题研究，如辰山植物园及周围加拿大一枝黄花的入侵现状及应对措施、校园外来入侵生物的调查研究、加拿大一枝黄花的入侵策略探究等。课程在开展过程中不断迭代更新，在每年学校的生态实践周活动中，带领学生开展项目化学习，积累了丰富的教学素材。由此可见，生态科技教育类项目化课程的开发与实施是培育学生生态科技素养的有效途径，也对学校的特色发展起到了极大的推动作用。

跨学科学习是学生综合两门或两门以上学科的知识、能力或思维,通过一定的载体形成整合性的跨学科理解的过程。项目化学习则是从真实的问题情境出发,引导学生在一段时间内持续开展探究,尝试创造性地解决问题,并最终形成项目成果的教学方式。当跨学科的内容与项目化学习的设计方法相结合时,就形成了跨学科项目化学习。(夏雪梅,2022)作为跨学科项目化学习,本课程主要有以下几个亮点。

(一)课程主题选择源于生态问题,与基础型课程内容衔接

课程设计的主题选择围绕学生身边的生态问题,活动的开展也充分利用了绿色校园的动植物资源以及校园河——战斗港河及其周边资源,将学校及其周边作为生态课程开展的实践场地。作为校本选修课程,它与基础型课程的教学内容相互联系,有课程标准的支撑,便于开展课标要求中的科学实践体验活动,丰富学生的学习经历。

(二)课程目标规划顺应生态科技教育理念,与学校生态教育契合

"外来生物入侵"这一课程综合了学科背景与学校育人目标,作为一门学校选修课程,与其他特色课程一同服务于学校的特色育人建设,培养具有本校特色的学生群体,顺应国家生态文明建设的教育方向。按照学校的统一部署,课程分三阶段开展。A1 模块旨在发现校园内外的生物入侵现象,侧重于发现问题;A2 模块教学目的是研究生物入侵对生态系统的影响,以综合系统化的视角审视生物入侵问题;A3 模块教学目的是通过小课题研究,引导学生采用实验方法探索生物入侵的解决之道。三阶段课程层层递进,对学生的生态科技素养训练逐步深入。

(三)课程设计理念关注线上线下融合,体现活动育人

慕课是本课程的重要资源。虽然慕课的部分内容载体在线上,但要使其产生更加广泛而深刻的影响,需要与线下实施相结合。因此,本课程的设计愿景是:让慕课课程为线下活动实施提供资源化支持,将项目化学习活动作为线下课程实施的主要形式,以实现教学方式的变革,促进学生在活动前、活动中、活动后的全程主动参与。

慕课设计的主要原则如下。

1. 以学生为中心

教学设计应体现情境创设、资源灵动、活动有序等特点,优化导入、讲授、学生活动、评价、小结等各个环节。例如,在课程开始时,通过创设"澳大利亚差点

儿被兔子亡国”的故事情境，引发学生对生物入侵概念的思考；在“给生物入侵者画个像”一节中，结合中国食物中的胡、洋、番系列，说明并非所有外来物种都是入侵物种，从而明确入侵物种的基本特征，在概念教学的基础上提高生态知识的精准度。在课程的具体展开过程中，通过丰富的图像、史料、诗词等资源，增强课程的趣味性；在每节微视频的最后，以问题的形式启发学生深度思考，并最终以小课题研究方案设计与实施的评价形式，激励学生开展线下探究活动，培养学生的生态技能和生态行为能力。此外，本课程还配套提供了丰富的学习资源，如科学参考文献、相关书籍、网页资源等，以供学生自主学习。

2. 以团队为力量

慕课课程要吸引学生的持久注意力，就必须做到精致。而教师个人的力量是有限的，因此应该团结整个备课组的力量，发挥各位老师的长处。有的教师善于制作演示文稿，有的老师擅长搜索多媒体资源，有的老师文笔较好，可以写出生动绚丽的脚本，还有的老师视频剪辑能力较强，适合后期的编辑和修改完善……只有备课组成员精诚合作，才能打造出精品课程，为学生奉上一道既科学又人文的“美餐”。

3. 以活动为依托

生态科技素养的培育和评价需要借助活动进行。在线下活动中，我们应结合学校特色发展的需求，指导学生进行项目化学习，促进学以致用、知行合一。学生以小组为单位进行合作学习，多样化呈现学习成果，并进行多元化评价。

（四）课程内容选择注重活动取向，并横向组织教学内容

1. 课程内容选择的活动取向

高中生生态科技素养的培育注重学生生态情感的激发、生态技能的锻炼及生态行为能力的养成，旨在形成生态道德感及社会责任感，即知、情、意、行的统一。因此，“外来生物入侵”这一课程的内容选择坚持活动取向，课程注重内容与学生活动的配合，期望学生通过课程学习获取知识、经验、技能，关注生活，服务生活。其内容选择遵循以下原则。

(1) 目的性原则

教学内容的选择基于课程目标的设定，主要体现在围绕生态科技素养四个维度的落实来选择教学内容。

在生态知识方面，知识点涵盖外来生物入侵现象及外来入侵物种的概念特征；入侵物种的入侵路径，如无意入侵、有意引入和自然入侵；入侵策略，如繁殖力强大、抗逆性强、化敌为友、快速进化等；生物多样性含义介绍，以及生物入侵

对生物多样性影响的分析等;从社会、经济、系统角度探讨如何对生物入侵进行防范。

在生态意识方面,教学内容的讲述注重渗透生态文明情感,引导学生对外来生物入侵对生态系统平衡造成的影响进行科学评价。通过云南滇池的变迁、崇明东滩互花米草对湿地环境的影响等案例,用科学数据、真实新闻说话,触动学生的神经。

在生态技能方面,在小课题研究的过程中,培养学生的生态思维方式、系统观以及科学调查、科学实验、论文撰写等技能。本课程的评价环节要求学生具备课题研究方案设计与实施的能力,在具体的课程实施中也积累了课题研究指导经验,如学生对校园入侵植物的调查及对加拿大一枝黄花防治方案的研究等,部分学生的课题研究成果还参与了市区级比赛并获奖。

在生态行为方面,学生将自己的学习所得及研究成果以海报、摄影、论文等形式在校园及社区展出,起到了良好的生态宣传作用。

(2) 兴趣性原则

课程的首要原则是激发学生的学习兴趣,吸引学生的注意力,不为学生增加额外负担。为了实现这一原则,在素材形式上注重故事、图片、视频、案例的使用。例如,在讲解生物入侵路径时,引用赤壁之战、欧洲的黑死病和国内外人类移民的历史,使学生理解瘟疫是战争的影子、移民会带来物种的迁移等知识;列举豚草、斑马贻贝等例子,得出旅行者的无意带入也是生物入侵的一条途径。在介绍外来生物入侵的现状时,使用直方图、表格、数据等非连续性文本,生动形象地展现,让学生记忆深刻。

(3) 生活化原则

学以致用要求理论联系实际,教学内容选择需要生活化。在本课程中,为了让学生认识到外来物种未必是入侵物种,选取了生活中大家熟悉的洋葱、番茄、胡椒等例子,澄清这一概念,与生活实际相连,有助于生态知识的巩固。在外来入侵防范板块,让学生思考生活中类似放生巴西龟的做法对生态系统可能造成的影响,培养学生的生态意识和生态道德感。

此外,本课程内容的选择还遵循从学情出发的基础性原则、关注学生未来发展的发展性原则及内容之间遵循的逻辑性原则等。

2. 课程内容的横向组织

横向组织是指将各种课程内容的要素按照横向关系组织起来,强调整合性,找出各课程内容的内在联系,整合成一个整体。其最重要的目的是打破学科之间的壁垒。例如,生物入侵既是一个生态学问题,也与社会、经济、法治等有关系,这集中体现在对生物入侵问题的防范上。

在慕课课程中,内容主要从生态文明之路及古代哲人的生态智慧、构筑法律的"防火墙",对入侵者画影图形、风险评估、早期预警等体系的建立,抵制生物入侵、人人有责等几个角度进行讲解,引发学生深度系统化思考,培养其生态思维方式。在线下活动开展中,采用模拟法庭、辩论、角色扮演等方式开展教学实践。这样打通了学科间的联系,使学生全面认识生物入侵问题,树立生态问题解决意识,形成系统化问题解决策略。从长远来看,这也是对公民意识的培养,即让学生学会面对真问题寻找真方法。

（五）课程实施采用线上线下结合的方式

在教学实践中,我们采用了线上线下学习相结合的混合教学模式。线上部分,学生进行自主学习,提出问题,提交作业,获取慕课证书,并参与课程评价,同时与教师、同学进行网上互动与跟帖交流。线下教学活动则是在学校特色办的领导和支持下,依托该慕课课程,开展三阶段的项目化学习活动。以下是课程实施第三阶段的具体示例,此阶段学生围绕自己感兴趣的课题进行小组合作研究。

1. 故事导入，激发探究兴趣

教师采用翻转课堂教学模式,学生在课前通过扫描二维码,学习网上微课资源"生物入侵——从两则故事说起",聆听关于澳大利亚差点被兔子亡国和船舶上的"偷渡客"——斑马贻贝的两则故事。

课堂上,教师提出问题:"两则故事描述的生物现象有什么共同点?"

学生回答:"外来物种在新领地称霸。"

教师追问:"生命科学课本中的哪一概念与此类事件相吻合?"

学生回答:"生物入侵。"

[设计意图:通过科学故事调动学生的探究热情,引导学生用生物学术语科学、准确地描述生命现象。]

2. 问题导学，开启探究之旅

教师问:"你们还知道哪些生物入侵的案例?"

学生答:"水葫芦。"

教师回应:"对,教材上也重点讲了水葫芦。那还有其他外来物种入侵吗?我们生活的周围(如校园、社区)有没有生物入侵现象?我们可以通过怎样的方式获知这些信息呢?"

学生纷纷回答:“上网搜索,阅读相关书籍,在校园内进行调查……”

教师继续引导:“是不是所有的外来种都是生物入侵种?这些外来物种为何能冲破天然阻隔,远渡重洋在新的栖息地繁衍扩散?它们的入侵策略究竟是什么?”

学生陷入沉思……

教师鼓励:“关于生物入侵,我们的知识还很有限,有很多未解之谜等待我们去探索。那就让我们一起揭开生物入侵的神秘面纱,开启我们的探索之旅吧。”

[设计意图:通过一连串问题引导学生深入思考,促使学生在认知冲突中走向探究。]

3. 资料搜集,完善知识储备

学生针对老师提出的问题,上网查阅资料或阅读相关书籍,以幻灯片、图文解说、演讲等方式交流所得,取长补短,逐步建立自己的知识体系。

[设计意图:通过自主学习和同伴互助,使学生建构自己的知识体系,为接下来研究主题的确定和研究方案的制订奠定理论基础。]

4. 头脑风暴,发掘研究主题

教师在课堂上运用头脑风暴策略,鼓励学生畅所欲言,表述在“生物入侵”主题下自己想要探究的具体问题。学生在教师指导下对问题进行梳理、扬弃、整合、提炼,然后按兴趣自由组合成研究团队,并进行小组成员之间的分工,合作完成小组活动方案的制订。以下是一组学生间的对话。

学生1:“我有时候看到一块地里到处都是那种杂草,它会不会是生物入侵种呢?”

学生2:“有可能。但也有可能是那块地的环境条件适合杂草生长,它未必是外来种。”

学生3:“那是不是外来种一定就会成为入侵种呢?还记得‘黔驴技穷’这个成语吗?驴子最初也是外来种,可最后还不是成了当地老虎的美食?”

学生4:“对啊,那也就说明外来种要成为入侵种,必须具有独门绝技。那是什么神功,让它们立于不败之地,‘反客为主’呢?”

教师赞扬道:“你们真了不起,一下子想到了这么多问题。那我们能不能归纳一下,大家的问题用科学语言如何表述呢?”

学生总结道:“首先,生物入侵种的特征是什么?其次,它们的入侵策略是什么?”

教师鼓掌:“此处有掌声哦,赞!‘特征’和‘策略’这两个词用得非常好。”

[设计意图:让学生在一定时间内通过头脑风暴,产生尽可能多的想法和假设,并借助群体思维间的碰撞和交锋,突破个人局限,获得丰富、立体的认知。此外,学生提出的问题并非每一个都可以上升为综合实践活动的研究问题,教师应在学生讨论的过程中及时干预,引导学生学会质疑、批判、分析和归纳。]

5. 小组合作,开展实践活动

活动前,教师讲述注意事项和安全要领,并帮助学生联系校内外资源。活动中,由各组长牵头,带领小组成员扎实开展丰富多彩的实践活动。他们充分调动各方资源力量(如家长、教师、社区居委会领导、专家等),按照各自的活动方案,有目的、有步骤地开展问卷调查、群众访谈、实地考察、案例搜集等实践活动。

[设计意图:通过小组合作增强学生的团队合作意识和能力,在生态体验活动中促使学生实现从实践到理论的突破。这既是学生合作解决真实情境问题的实践,也是知行统一的体验。]

6. 总结汇报,分享收获感悟

各小组上台汇报活动开展的总体情况,分享研究报告。教师加以引导,促使学生逐渐学会评价和反思。鼓励学生以不同的形式进行汇报,如幻灯片、绘画、视频、表演等。活动推进情况见表3-11。

表3-11　活动总结汇报表

序号	活动任务主题	活动地点	活动设计与结果呈现
1	校园入侵植物的实地考察	校园“城市荒野”地带	学生通过实地考察发现学校的多种入侵植物,采集制成标本,存放在学校的标本馆。
2	问卷调查:“生物入侵知多少?”	问卷星平台	调查对象:学校师生及家庭成员 通过数据呈现不同人群对生物入侵的认知。
3	有关上海地区常见生物入侵路径、态势等方面的访谈调查	乡村、学校、环保局等	访谈对象:农民、环保局工作人员、生物老师等 学生以PPT形式进行汇报。
4	信息检索:国内外生物入侵的案例分析	人工智能体、DeepSeek数据大模型、图书馆等	学生查找网络、书籍、音像资源等国内外相关资料,以视频、PPT、文献综述、小报的形式交流汇报。 学生汇报的照片如下:  

续表

序号	活动任务主题	活动地点	活动设计与结果呈现
5	防治生物入侵的策略探索	人工智能体、DeepSeek 数据大模型、图书馆等	利用网络、书籍、音像资源等，从普通民众、立法部门、检验检疫部门的角度阐述对于防治生物入侵各方应担负的责任。可以以角色扮演的形式在主题班会上展示研究结果，例如：  **防治生物入侵，责任共担** 1. 普通民众（小贴士）：应学习生物入侵的相关知识，了解识别部分外来生物入侵物种，提高防范意识；不要随意携带异域动植物回国；在国外旅行归来前清理背包、拍打衣物；配合出入境检验检疫部门工作人员，御敌于国门之外；管理好自己的水族箱，看紧如巴西龟这类宠物，看住自家厨房的福寿螺、牛蛙、非洲大蜗牛，及时把它们化为盘中珍馐，不要随意放生。 2. 立法部门：目前，中国尚无一部从国家层面针对外来入侵物种的专项法规或条例。我们应该构筑起一道以《外来入侵物种管理办法》为主，相关法律法规中关于防范外来物种入侵的规定为辅，其他部门法中的有关规定为补充的法制“防火墙”。 3. 出入境检验检疫部门：对外来生物入侵者“画影图形”，依法对输入的动植物产品和其他检疫物在规定场所进行隔离检疫，严把国门。

[设计意图：交流汇报是学生相互学习、不断完善的必要环节，能够锻炼学生的表达能力、信息技术运用能力等。而角色扮演更是一种综合性、创造性的活动，能使学生获得全面的提升和愉快的体验。（郭鲲鹏，2013）学生将理论层面的研究结果以表演的形式在主题班会上展示出来，既使表演有了理论的支撑，具有科学性，又使全班学生受到了一次别开生面的生态环保教育，提升了活动的意义。]

（六）课程评价体现对学生学习成果的发展性评价

活动的后续评价环节以评价表展开，指导学生简单反思并回顾活动过程，学会客观地进行多元评价，开展自评和互评。同时，积极宣传，扩大活动影响力，如借助微信、微博、QQ 空间等各种网络平台发布小组活动成果和体会，在学校的微信公众号上开辟专栏，报道学生的实践活动。学生还通过制作展板、国旗下讲话发出倡议的形式，向在校师生宣传“防治生物入侵，人人有责”“防治生物入侵,保护生物多样性,从我做起”,使全校师生受到一次全面而深刻的生态教育。各个环节的主要目的是利用评价促使学生学会反思,激励学生成长。

近年来,在学校特色办的统一安排下,每年寒暑假前的一周成为集中开展跨学科项目化学习的时间。学生根据慕课的学习内容,按照自己的兴趣爱好选择相应的课程参加项目化学习。选到此门课程的同学将会参加 A1 至 A3 不同阶段的学习。一整套课程下来,小组内的同学会积累一套丰富的学习成果。

其中,阶段 1 课程的学生会制作海报,并结合幻灯片进行小组展示和分享。教师和其他小组听取讲解后,结合手册上的评价量表,进行组间评比,选出最优秀的一组代表课程在报告厅进行汇报,参与评选。

阶段 2 课程的学生会进行校园观察和文献检索,以研究报告和幻灯片的形式汇报本小组的研究数据,进行展示交流。

参与阶段 3 课程的学生将按照自愿原则进行小课题研究,撰写论文。这作为高中生综合素质评价的一部分,老师会进行课题的指导,学生则负责课题的上传及真实性评价论证与答辩,作为学生高中阶段研究性学习的成果。

学生每个学习阶段的学习成果形式不同,我们将采用不同的评价量表进行评价,目的是通过评价指导学生对自己的成果进行打磨和改进,促进学生的能力发展,提高学生组内合作和组间分享的意识和能力。

五、思考延续:强化学科根基,深化跨学科融合

跨学科项目化学习的设计需要兼顾“学科立场”与“跨学科立场”,但不能为了跨学科而跨学科,忽视了学科核心素养的落实;跨学科学习的实现必须依赖各自学科学习的坚实基础。(夏雪梅,2022:79)以“外来生物入侵”项目为例,生物学作为显性学科,其重要概念如生态位、生态系统、生物群落等必须落实到位。跨学科学习是对未来社会实践的模拟和创新实践,因此须加强对学生解决真实问题能力的培养,以及合作探究能力和意识的培育。总之,跨学科学习应坚持学科立场,只有学好学科知识,才能跨学科地解决问题。这对于学生和长期以分科教育培养起来的老师而言都是一项挑战。

针对“外来生物入侵项目化学习”的改进,可从以下几个方面入手。

(一) 增强实践性资源整合

鼓励学生综合运用课内外资源,包括教材、课外读物、博物馆、图书馆等资源。利用信息化工具,如“花伴侣”手机应用和“中国外来入侵物种信息系统”等平台,帮助学生更好地识别和研究外来入侵物种。

（二）强化跨学科融合

结合生态学、生物学、地理学等多学科知识，帮助学生全面理解外来生物入侵的机制和影响。通过案例分析和实地考察，引导学生探讨外来生物入侵对生态系统、经济和社会的影响。例如，同样是互花米草的治理，在世界各国，甚至在中国东部沿海的不同区域，治理措施和手段各不相同。通过查阅资料发现，互花米草的治理存在变废为宝的措施，这涉及经济社会运行成本的概念。因此，应继续加强政治经济学科的融入和地理区域知识的融合，使学生对外来生物入侵的治理有更高的站位、更全面的理解和辩证性的认识。

（三）提升学生的主动性和创造性

采用案例导入、启发式、探究式等多种教学方法，激发学生的学习兴趣和主动性。设计小组任务和实践活动，培养学生的团队协作能力和独立解决问题的能力。在学生作品呈现上给予充分自由度，根据学生作品实际，联系教学目标设计评价量表，使不同层次和特点的作品都能获得特色认可，提升学生的学习效能感。

（四）加强课程思政教育

在项目化学习中融入课程思政内容，引导学生树立生态安全意识和国家安全意识。通过实际案例，帮助学生了解外来生物入侵的严重性，培养其保护生态环境的责任感。加强生态道德意识和生态法治观念的培养，与思政老师共同完善课程内容，拓展学生辩证思维，使思政教育有载体、生态教育上层次。

（五）完善教学评价体系

采用多元化评价方式，包括学生自评、小组互评和教师评价，关注学生在项目中的参与度、创新能力和实践能力。根据学生反馈和项目实施效果，持续改进教学方法和项目设计。以上改进措施可更好地提升“外来生物入侵项目化学习”的效果，增强学生的综合素养和实践能力。

“外来生物入侵”跨学科项目化学习的实施不仅能够提升学生的综合素质，还能增强社会对生态安全和生物多样性保护的意识。它为学生提供了一个跨学科、实践性强、富有创新性的学习平台，有助于培养学生的科学探究能力、团队协作能力和社会责任感。同时，项目化学习也为科学研究和社会服务提供了支持，推动了课程思政教育的落实。在新课程改革背景下，这是一种极具价值的教学模式，值得进一步研究，并在教学实践中推动课程的不断创新。

第三节　“水韵校园”:校园水环境研究与水质改善

一、背景:校园水环境的教育功能与实践条件

（一）国家生态文明建设战略需求

全球水资源危机与环境污染问题日益严峻,我国已将生态文明建设提升至国家战略高度。2021年,《中小学综合实践活动课程指导纲要》明确要求加强生态教育,培养具备环保意识和社会责任感的未来公民。水环境作为生态系统的核心要素,其保护与治理是生态文明教育的重要切入点。“水韵校园”课程以校园水环境为研究对象,通过项目化学习,引导学生关注水资源保护,为国家可持续发展培养具备实践能力的生态人才。

（二）中小学综合实践活动课程要求

综合实践活动课程强调以真实问题为导向,通过跨学科实践提升学生综合素质。“水韵校园”课程围绕“战斗港河水质监测及修复”主题,整合生物学、化学、地理学等学科知识。学生通过水质监测、数据分析、净水装置设计等实践活动,培养科学探究能力、团队协作能力及社会责任感,这与课程的核心目标相契合。

（三）战斗港河资源概述

上海师大二附中校园内,战斗港河成为校园生态系统的重要组成部分。这条河是黄浦江的支流,学生亲切地称它为“校河”。战斗港河自北向南穿过校园,最终汇入杭州湾出海口,流入大海。战斗港河兼具生态与文化双重价值,沿岸植被茂密,形成了独特的湿地生态系统,为鱼类、蛙类及昆虫提供了栖息地。校内还配备了先进的水质检测实验室(含分光光度计、多参数水质分析仪等设备)及环境创新实践基地,为课程实施提供了丰富的资源。学生可近距离观察水环境问题,探索水质净化原理,从而激发生态保护意识。因此,我们决定以“战斗港河的水质检测及修复”为研究对象,开展跨学科项目化学习实践。

（四）战斗港河的生态与文化价值

1. 生态价值

战斗港河不仅是校园内的一条河流,更是一个完整的生态系统。它的存在

对校园的生态环境产生了深远的影响。首先，战斗港河通过蒸发作用调节校园沿河区域的湿度，为沿岸植物提供了适宜的生长环境。河两岸植被茂密，形成了天然的绿色屏障，不仅美化了校园环境，还为校园内的动物提供了栖息地。河中鱼类、蛙类、昆虫等生物在河中繁衍生息，丰富了校园的生物多样性，这些生物之间相互依存，构成了复杂的生态网络。

其次，战斗港河的水质对校园内的生态环境也至关重要。清澈的河水为水生生物提供了良好的生存条件，同时也为校园内的植物提供了充足的水源。此外，战斗港河还通过自然净化作用，过滤和净化校园内的雨水和地下水，保持了校园内的水质平衡。

2. 文化价值

战斗港河不仅是校园内的自然景观，更是校园文化的重要组成部分。它见证了校园的发展和变迁，承载着师生的情感和记忆。河两岸的景观设计和文化设施，如小桥、亭台、观景小道等，不仅美化了校园环境，还为师生提供了休闲和交流的场所。这些文化设施与自然景观相得益彰，形成了独特的校园文化景观。

此外，战斗港河还成为校园内的重要教育场所。学校经常组织学生在河边开展各种活动，如自然观察、科学探究、动植物识别等。这些活动不仅丰富了学生的课余生活，还培养了学生的环保意识和科学素养。战斗港河已然成为校园内一个重要的文化符号，象征着校园的自然美和人文精神。

（五）课程的结构

“水韵校园”课程依托战斗港河丰富的水资源，设计了 A1 至 A3 三个递进式课程（表 3-12）。A1 模块以观察校园水环境为主要目的，要求学生带着问题去实地考察、记录；A2 模块以水质的采集、测定和分析为目的，通过“战斗港河能不能养鱼”这一课题进行项目化研究；A3 模块则在学生理解自然界水体净化原理的基础上，要求学生自行设计简易净水装置，或开展与水质相关的课题研究。

表3-12 "水韵校园"课程设计

阶段	教学目标	教学内容
A1	1. 通过湿地调查,能够从战斗港河人工湿地景观中提炼出探究问题,并根据校园实地情况,设计出探究方案,完成探究任务。 2. 能够运用所学知识和原理,完成人工湿地规划建模。 3. 能够理解湿地生态系统服务功能及其意义。	1. 学会观察校园水环境。 2. 能进行水质及土壤样品的采集。 3. 能通过显微镜观察人工湿地和天然湿地成分的区别。 4. 理解水质净化的基本原理,能对城市荒野湿地进行改良及再设计。
A2	1. 能够运用所学知识和原理,检测战斗港河水质,并分析水质是否适合养鱼。 2. 能够针对战斗港河水质状况提出改善水质的方案,理解生物与环境的密切关系,树立社会责任感。	1. 知道常规水质检测指标。 2. 掌握常规水质指标的检测方法。 3. 能对水质指标进行分析。
A3	1. 在理解自然界土壤净化水体原理的基础上,设计出简易净水装置。 2. 理解水资源对生命存在和社会发展可持续性的重要性,树立社会责任感。	1. 理解自然界土壤净化水体的原理。 2. 理解人工水体净化装置的原理。 3. 能设计简单的净水装置,并进行水质小课题研究。

（六）课程实施的必要性

1. 培养学生的环保意识

通过以战斗港河为研究对象的跨学科项目化学习实践,学生能够直观地感受到水环境问题的紧迫性和复杂性,从而有效增强他们的环保意识。在课程实施过程中,学生将亲身体验到水环境问题对生态系统和人类生活的深远影响,进而激发他们保护水环境的责任感和使命感。

2. 提升学生的科学素养

跨学科课程的学习实践为学生提供了一个综合运用多学科知识解决实际问题的机会。在课程实施过程中,学生将接触到生物学、化学、地理学、环境科学等多学科的知识和方法,并将这些知识和方法灵活运用到实践中去。这不仅能够全面提升学生的科学素养,还能够培养他们的跨学科整合能力和综合应用能力。

3. 促进校园生态文明建设

通过课程的实施,学校将能够更全面地了解战斗港河的水质状况和生态问题,从而采取有效的措施进行改善。这不仅能够提升校园的生态环境质量,还能够为校园生态文明建设提供有力支撑。同时,跨学科课程的实施也将为校园生态文明建设搭建一个重要的教育平台，促进师生对生态文明建设的深入认识和积极参与。

（七）课程实施的预期目标

1. 短期目标

水质监测与分析：通过课程的实施，学生将能够掌握水质监测的方法和技术，对战斗港河的水质进行定期监测和分析，了解水质的变化趋势。

生态问题调查：学生将对战斗港河的生态问题进行调查和研究，了解生态问题的成因和影响，为后续的改善措施提供依据。

环保意识提升：通过课程的实施，学生的环保意识将得到显著提升，他们将更加关注水环境问题，并积极参与到环保行动中去。

2. 长期目标

水质改善：通过实施一系列有效的改善措施，战斗港河的水质将得到显著改善，达到国家相应水质标准，为校园内的动植物提供更加优越的生存环境。

生态修复：通过生态修复措施，战斗港河的生态系统将得到全面恢复和改善，生物多样性将得到显著提升，形成一个更加健康、稳定的生态系统。

生态文明教育：通过课程的持续实施，学校将建立一个长期的生态文明教育平台，为师生提供持续的生态文明教育，有力推动校园生态文明建设的可持续发展。

（八）课程实践的保障措施

为了确保跨学科课程的顺利实施，学校提供了全方位的保障措施。在硬件支持方面，学校配备了先进的实验室设备和水质监测仪器，如分光光度计、多参数水质分析仪、显微镜、便携式溶解氧测定仪、pH 计等，为课程的顺利开展提供了有力的技术支持。同时，学校还建设了水环境修复相关的环境创新实验室，为学生提供了充足的实践操作平台。

在师资力量方面，学校组建了一支由生物学、化学、地理学等多学科教师组成的指导团队。这些教师不仅具备丰富的专业知识，还具备较高的指导能力，能够为学生提供全面、细致的指导和支持。此外，学校还邀请了上海师范大学、辰山植物园等校外专家进行专题讲座，组织学生赴崇明东滩湿地、天目山等地进行野外实地考察，进一步拓宽了学生的知识视野。

在课程实施过程中，学校还注重时间安排、资金支持、安全保障等方面的工作。学校为课程的推进制定了详细的时间表，确保每个环节都能够按时、有序地完成。同时，学校还提供了充足的资金支持，用于购买和更新实验检测仪器及耗材、进行定期设备维护等。在安全保障方面，学校制定了严格的实验室安全操作规范和各项野外考察预案，确保学生在实验及野外考察活动中的人身安全得到充分保障。

二、主题设计：水质监测与生态修复项目体系

“水韵校园”课程紧密围绕战斗港河的水质研究展开，通过一系列精心策划的教学活动，致力于全面培养学生的综合能力。本主题设计以水质研究为载体，将理论知识与实践操作有机融合，旨在使学生在掌握生态知识的同时培养生态意识、生态技能及团队合作能力等多方面的素养。

（一）生态知识学习板块

在生态知识学习板块，学生将深入探究常见的水质检测指标，理解这些指标对水质的影响及其背后的科学原理。这一环节不仅是后续实践操作的基础，也是培养学生科学素养的关键环节。

1. 物理指标探究

水温：水温的细微变化不仅会影响水中生物的生存环境，还与水体的溶解氧含量密切相关。适宜的水温能够促进水中生物的正常生长和繁殖，而过高或过低的水温则可能导致生物死亡或生长受阻。学生将通过实验观察不同水温下水中生物的生存状态，理解水温对水质的重要性。

异味：异味的产生往往是水体污染的直观反映。它可能源于有机物分解、无机物反应、微生物活动等多种因素。学生将通过嗅闻不同水质样本，结合所学知识分析异味产生的可能原因，培养对水质变化的敏感度。

浑浊度：浑浊度反映了水中悬浮颗粒的数量。这些颗粒可能包括泥沙、有机物、微生物等，它们会影响水体的透光性和生态系统的平衡。学生将通过比较不同浑浊度的水质样本，理解浑浊度对水质的影响，并学习如何测定浑浊度。

pH 值：pH 值是衡量水体酸碱性的关键指标。适宜的 pH 值范围是水生生物生存的必要条件。过高或过低的 pH 值都会破坏水体的生态平衡，对水中生物构成威胁。学生将通过实验测定不同水质的 pH 值，了解其对水质的影响，并学习如何调节水体的酸碱度。

电导率：电导率能反映水中离子的浓度。它可以帮助我们判断水体的纯净度及是否存在离子污染。学生将通过使用电导率仪测定不同水质的电导率，了解其对水质评估的重要意义。

溶解性固体（TDS）和悬浮性固体：溶解性固体和悬浮性固体的含量直接关

系到水质的优劣。它们可能来源于自然过程或人为活动,如降雨、岩石风化、工业废水排放等。学生将通过实验测定不同水质的 TDS 和悬浮性固体含量,理解其对水质的影响及相应的处理方法。

2. 化学指标探究

溶解氧(DO):溶解氧是水体自净能力的重要体现。充足的溶解氧能够维持水中生物的正常呼吸和生态系统的平衡。学生将通过实验测定不同水质的溶解氧含量,了解其对水质的影响及提高水体溶解氧含量的方法。

化学需氧量(COD)和生物化学需氧量(BOD):COD 和 BOD 反映了水中有机物的含量及其可被氧化的程度。它们是衡量水体有机污染程度的重要指标。学生将通过实验测定不同水质的 COD 和 BOD 值,了解其对水质的影响及有机污染的处理方法。

总氮(TN)和总磷(TP):氮和磷是植物生长所必需的营养元素,但过量存在会导致水体富营养化,引发藻类大量繁殖、水质恶化等问题。学生将通过实验测定不同水质的 TN 和 TP 含量,了解其对水质的影响及富营养化的防治策略。

重金属元素:重金属元素如铅、汞、镉等对人体和水生生物具有毒性作用。它们可能来源于工业废水排放、农药使用等人为活动。学生将通过实验测定不同水质中重金属元素的含量,深入了解其对水质的影响及重金属污染的治理方法。

下面,我们结合水质检测的各步骤进行具体案例分析。

(二)实践操作板块

在实践操作板块,学生将通过一系列实验活动,掌握水质检测的基本方法和技能。这一环节不仅旨在培养学生的动手能力和实验操作能力,还将进一步加深他们对生态知识的理解。

1. 水质采集与保存

学生将系统学习如何正确采集和保存水质样本,包括了解不同采样点的选择原则、采样工具的使用方法,以及采样过程中的注意事项。通过实际操作,学生将掌握水质采集的基本技能,为后续的水质检测工作做好准备。教学过程如下。

教师讲解:教师详细介绍水质采集的重要性和基本原则,涵盖采样点的选择策略、采样工具的具体使用方法,以及采样过程中的注意事项。

示范操作:教师现场演示如何正确使用采样工具进行水质采集,并着重强调操作过程中的关键步骤和注意事项。

学生实践:在教师的指导下,学生进行实地水质采集实践,严格遵守操作规范,确保采集到的水质样本具有代表性和准确性。

问题讨论:实践结束后,学生分享采集过程中的经验和遇到的问题,教师进行总结和点评,并提供针对性的指导。

设计意图:通过教师的详细讲解和示范操作,学生了解水质采集的基本原则和方法;通过实践操作,学生能够独立完成水质采集任务,为后续的水质检测工作打下坚实基础;同时,通过问题讨论环节,培养学生的批判性思维和解决问题的能力。

2. 水质指标检测

学生将学习如何使用多参数水质分析仪等仪器对水质指标进行检测。他们将了解不同水质指标的具体意义及其检测方法,掌握仪器的操作流程和注意事项。通过实际操作,学生将能够独立完成水质指标的检测任务,并准确解读检测结果。

教学过程(以溶解氧检测为例):教师首先向学生们介绍溶解氧的概念。溶解氧(Dissolved Oxygen,简称 DO)是指溶解于水中的分子态氧,它是衡量水体自净能力的一个重要指标。溶解氧的含量直接影响水生生物的呼吸作用和有机物的分解过程,对水质评价、环境保护、水产养殖等领域具有重要意义。

接着,教师详细讲解溶解氧检测的重要性。无论是环境监测、污水处理还是渔业生产,溶解氧的测定都是不可或缺的环节。低溶解氧含量可能导致水体恶化,严重影响水生生物的生存,甚至引发水质危机。

在检测方法上,教师着重介绍多参数水质分析仪的使用。多参数水质分析仪是一种集多种水质参数检测于一体的智能化仪器,具有便于携带、操作简便、测量准确、检测速度快等显著优点。它利用电化学传感器原理,通过电极与待测水样中的溶解氧发生氧化还原反应,从而准确测定出溶解氧的含量。

教师进一步详细解释多参数水质分析仪的工作原理:仪器内部的传感器与水样接触后,传感器上的工作电极与参比电极之间形成电位差,这个电位差与溶解氧浓度成正比。仪器通过内部电路将这个电位差转换为电流信号,再经过放大、转换、计算等处理,最终显示出溶解氧的浓度值。

示范操作:在示范操作环节,教师首先展示溶解氧测定仪的校准过程,强调校准是确保测量结果准确性的关键步骤,每次使用前都必须进行校准。

随后,教师演示如何正确采集水样,并将水样加入仪器中,根据说明书的操作流程进行检测。在操作过程中,教师特别提醒学生们注意仪器的操作规范,如避免气泡混入水样、保持仪器清洁等细节问题。

当仪器显示出溶解氧的浓度值时，教师指导学生们如何正确读取数据，并强调数据记录的重要性。

学生实践：在教师指导下，学生们开始溶解氧检测的实践操作。首先，他们严格按照教师演示的步骤，采集不同地点的水质样本。随后，学生们将采集到的水样加入溶解氧分析仪中，并依照操作指南进行检测。在检测过程中，学生们仔细观察仪器的显示界面，认真记录下每一个样本的溶解氧浓度值。

数据解读：检测任务完成后，学生们开始根据检测结果进行数据解读。他们结合所学知识，分析了不同采样点溶解氧含量的差异及其可能的形成原因。通过数据对比和问题讨论，学生们深刻认识到了溶解氧含量对水质的重要影响。教师适时引导学生们进一步思考：如果溶解氧含量过低，可能会对水生生物造成哪些危害？又有哪些措施可以提高水体的溶解氧含量？这些问题极大地激发了学生们的学习兴趣和探究欲望。

报告撰写：最后，学生们根据检测结果和分析讨论的内容，着手撰写水质检测报告。报告内容全面而详尽，涵盖了采样点信息、检测方法、检测结果、数据分析和结论等多个方面。在撰写过程中，学生们不仅巩固了所学知识，还锻炼了自己的写作能力和逻辑思维能力。通过报告的撰写和提交，学生们对溶解氧测定的整个过程有了更加全面和深入的理解。

设计意图：通过教师的详细讲解和示范操作，学生全面了解溶解氧检测的基本原理和方法；通过实践操作和数据解读环节，学生能够独立完成溶解氧检测任务，并准确解读检测结果；同时，通过报告撰写环节，培养学生的科学思维和表达能力。

3. 水质改善方案设计

在充分了解水质现状及存在问题的基础上，学生分成若干小组，每组设计一份水质改善方案。他们结合所学知识，提出针对性的改善措施，如增加曝气装置以提高溶解氧含量，投放生物制剂以促进有机物分解，等等。通过方案设计环节，学生锻炼了综合运用知识解决实际问题的能力。教学过程如下。

问题提出：教师首先介绍当前水质存在的问题，如溶解氧含量偏低、有机物污染严重等，并引导学生思考如何有效改善水质。

分组讨论：学生根据各自的兴趣和能力进行分组，每组选择一个具体的水质问题进行讨论。他们结合所学知识，提出切实可行的改善措施，并设计出详细的实施方案。

方案展示：各组轮流向全班展示他们的水质改善方案。展示内容包括方案的目标、所采取的措施、预期效果等。其他同学在聆听后提出疑问和点评，以促进方案的进一步完善和优化。

教师总结：教师对各组的方案进行总结和评价，肯定学生的努力和成果，同时指出存在的问题和不足，并提出相应的改进建议。

设计意图：通过提出问题环节，学生明确当前水质存在的问题及改善的必要性；通过分组讨论和方案展示环节，培养学生的团队合作能力和创新思维；通过教师总结环节，学生认识到自己的不足和需要改进的方向，为后续的学习和实践提供参考。

（三）成果展示板块

在成果展示板块，学生将充分展示他们的学习成果和实践经验。以小组为单位，学生通过演示文稿、海报、视频等多种形式展示他们的学习成果。展示内容涵盖水质检测报告、水质改善方案、实践操作过程中的照片和视频等。通过展示，学生不仅分享了自己的学习成果，还从其他同学的作品中学到了新的知识和方法。教学过程如下。

准备阶段：各小组根据展示主题和要求，精心准备展示材料。他们提前收集整理实验数据、图片、视频等资料，并制作了精美的幻灯片、海报等展示文件。

展示阶段：各小组轮流上台进行展示，介绍自己的研究背景、目的、方法、结果和结论等内容。其他同学认真倾听，并记录关键信息。

互动环节：展示结束后，其他同学针对展示内容积极进行提问或点评。提问者就展示中的某个问题或观点进行深入探讨；点评者则就展示的整体表现、内容质量等方面进行客观的评价并提出建议。通过互动环节的交流，学生对知识有了更深入的理解。

教师总结：教师对各组的展示进行总结和评价，肯定学生的努力和成果，同时指出存在的问题和不足，并提出具体的改进建议。通过总结环节，帮助学生明确自己的优点和不足，为后续的学习和实践提供参考。

设计意图：通过成果展示环节，为学生提供展示自己学习成果和实践经验的机会；通过互动环节和教师总结环节，促进学生的深入交流和反思，提高他们的表达能力和批判性思维能力。

三、实施步骤:“监测—分析—治理”项目化流程

(一) 前期准备

在“水韵校园”课程的实施过程中,前期准备是确保课程顺利进行的关键环节。首先,我们组建课程小组,每组由5名或6名学生构成,确保每位学生都能深度参与课程的各个环节。小组内成员分工明确,分别承担水质监测、数据分析、方案设计等具体任务。为增强课程的科学性和专业性,我们还为每个小组配备专业的小辅导员(由高年级学员担任),以便指导学生在课程实施中遇到的各类问题。

其次,我们制订了详细的课程计划。计划涵盖研究目标、研究方法、时间节点等核心内容。研究目标主要聚焦于了解校园河流的水质状况,剖析水质问题的成因,并提出切实可行的改善方案。研究方法则涵盖了水质监测、数据分析、实地考察等多个方面。时间节点的安排则根据课程的实际情况进行了合理规划,确保每个环节都能按时完成。例如,水质监测安排在每周的固定时间进行,数据分析则在水样采集后的第二天完成。

此外,我们还为学生配备了必要的实验设备和工具,如分光光度计、多参数水质分析仪、溶解氧测定仪、pH计、显微镜等。这些设备的准备不仅保障了实验的顺利进行,还使学生在实际操作中掌握了科学仪器的使用方法,提升了他们的实践能力。

(二) 教学探究阶段

在教学探究阶段,我们主要开展了水质监测与数据分析、专题讲座与实地考察、创意方案设计等一系列活动。这些活动不仅帮助学生掌握了水质检测的基本技能,还培养了他们的环保意识和创新能力。

1. 水质监测与数据分析

水质监测是“水韵校园”课程的核心环节之一。我们组织学生进行了多次水质监测活动,包括取样、检测、记录、分析等环节。学生使用分光光度计、多参数水质分析仪、溶解氧测定仪、pH计、显微镜等仪器,对水质中的各项指标如溶解氧、pH值、色度、浊度、重金属含量等进行了全面检测。通过这些检测活动,学生能够直观地了解校园河流的水质状况。

在水质监测过程中,学生严格按照操作规范进行取样和检测。例如,在取样环节,学生选择河流的不同位置进行取样,以确保样品的代表性。在检测过程中,学生认真记录每个样品的检测数据,并进行初步分析。通过这些活动,学生不仅掌握了水质检测的基本技能,还培养了严谨的科学态度。

数据分析是水质监测的重要环节。学生对检测得到的数据进行整理和分析，以找出水质问题的成因。例如，通过分析溶解氧含量及磷氮元素的变化情况，学生可以判断水体是否存在富营养化问题；通过分析重金属含量的变化趋势，学生可以判断水体是否受到工业污染。这些分析结果为后续的小课题研究提供了有力依据。

2. 专题讲座与实地考察

为了加深学生对水环境问题的理解，我们邀请了上海师范大学和辰山植物园的校外专家进行专题讲座。专题讲座主要围绕水环境问题的成因、影响及解决方案等方面展开。通过专家的深入讲解，学生能够全面了解水环境问题的现状与挑战，从而激发他们的环保意识和责任感。

此外，我们还组织学生进行了实地考察。实地考察的地点包括校园河流的上游、中游和下游，以及周边的居民区和工业区。通过实地考察，学生能够亲身体验水环境问题的紧迫性，深入了解水质污染的具体表现和成因。例如，在考察过程中，学生发现河流上游的水质相对较好，而下游的水质则出现了一定程度的浑浊。通过对比不同河段的水质状况，学生能够更清晰地理解水质污染的传播路径和影响范围。

3. 学生小课题研究

在了解校园河流的水质状况和水环境问题的成因后，我们鼓励学生提出改善水质的课题研究。学生结合所学知识，提出了多种创新方案，如生态修复、污水处理、水生植物种植等。这些方案不仅体现了学生的创新能力，还展现了他们对水环境问题的深刻理解。

在学生小课题研究过程中，学生需要进行可行性分析。例如，在提出生态修复方案时，学生需要考虑水生植物的种类选择、种植密度、生长周期等因素；在提出污水处理方案时，学生则需要考虑污水处理设施的规模、处理效率、运行成本等多方面因素。通过这些分析，学生能够更清晰地理解方案的可行性和实际效果。

（三）综合提升阶段

在综合提升阶段，我们主要开展实施改善措施、监测改善效果、撰写研究报告等工作。这些工作不仅有助于巩固学生的所学知识，还能进一步提升他们的实践能力和团队合作能力。

1. 实施改善措施

根据学生小课题的研究结果，我们甄选出几个切实可行的方案实施。例如，在校园河流沿岸种植水生植物，利用植物的吸收和降解作用来改善水质；同时，我们还设置污水处理设施，对河流中的水质进行进一步净化处理后再排放。这些措施的实施预计会取得良好成效，使河流的水质得到一定程度的改善。

在实施改善措施的过程中，学生全程参与其中。例如，在种植水生植物时，学生需要挑选合适的植物种类，并按照规定的密度进行种植；在设置水循环处理设施时，学生则需要参与设备的定期巡视和记录工作。通过这些实践活动，学生不仅掌握了改善水质的具体方法，还培养了团队合作精神和实际操作能力。

2. 监测改善效果

为了评估改善措施的实际效果，我们持续进行水质监测活动。通过对比改善前后的水质数据，我们观察到了溶解氧含量、pH值、重金属含量等指标的变化趋势。同时，我们还记录了水生生物数量及生物多样性的变化情况。

在监测改善效果的过程中，学生定期进行了水质检测，并认真记录了检测数据。通过对数据的分析，学生能够直观地看到水质的变化趋势，从而判断改善措施的效果。例如，通过对比不同时间段的水质数据，学生能够评估水生植物的生长对水质改善的贡献；通过对比不同河段的水质数据，学生能够了解污水处理设施的运行效果。

3. 撰写研究报告

在项目实施结束后，我们要求学生撰写研究报告，展示研究成果与心得体会。研究报告包括项目背景、研究方法、研究结果、结论与建议等几个部分。通过撰写研究报告，学生不仅能够巩固所学知识，还能提升写作能力和表达能力。

在撰写研究报告的过程中，学生对项目的各个环节进行了总结和反思。例如，学生总结了水质监测的结果，分析了水质问题的成因；学生回顾了创意方案的设计过程，评估了方案的可行性和实际效果；学生还总结了改善措施的实施过程，分析了措施的效果和存在的不足之处。通过这些总结和反思，学生对水环境问题的复杂性有了更深入的理解，并提出了更加切实可行的解决方案。

四、成效亮点：科学探究与工程实践能力的整合

（一）目标达成情况

通过“水韵校园”课程的实施，我们成功达成了预期的教学目标，并在多方面取得了显著的成效。

短期目标方面，在水质监测与分析方面，学生能熟练掌握水质监测方法与技术，并定期对战斗港河水质进行监测分析，清晰了解水质变化趋势。在生态问题调查过程中，学生深入探究战斗港河生态问题，明确成因与影响，为改善措

施提供有力依据。在环保意识提升方面，课程让学生的环保意识显著增强，积极关注水环境问题并投身环保行动。

长期目标推进顺利。水质改善工作已启动，通过沿岸种植水生植物、设置污水处理设施等措施，水质有了明显改善迹象，有望达到国家相应水质标准。在生态修复工作中，随着水生植物种植，生物多样性逐步提升，水生态系统正在朝着健康稳定的方向发展。在生态文明教育方面，学校成功搭建长期教育平台，持续为师生提供生态文明教育，有力推动校园生态文明建设可持续发展。

（二）课程实施的创新点

在当今教育不断追求创新与实践的大背景下，“战斗港河水质检测与修复”课程以其独特的创新点，为学生带来了别具一格的学习体验，在培养学生综合能力方面发挥着重要的作用。

1. 跨学科整合

该课程打破传统学科教学的壁垒，将生物学、化学、地理学、环境科学等多学科知识进行有机融合。在对战斗港河水质进行检测时，学生不仅要运用化学知识检测水中的各种化学成分，如酸碱度、溶解氧、重金属含量等；还要从生物学角度分析水中微生物、浮游生物的种类和数量，判断水质对生物生存的影响；地理学知识则帮助学生了解战斗港河周边的地形地貌、水系分布等，探究这些因素对水质的影响机制；环境科学知识则让学生站在宏观角度，理解整个生态系统的平衡与水质之间的关系。通过这样的跨学科整合，学生能够从多个维度审视水质问题，培养跨学科思维能力，提升综合素养，为今后解决复杂的现实问题奠定坚实基础。

2. 实践导向

课程紧紧围绕实践教学展开，将其作为贯穿始终的主线。实地考察是重要的实践环节之一，学生们会前往战斗港河实地采样，观察河流的实际状况，包括水流速度、河岸生态等。在实验操作中，学生们在实验室对采集的水样进行各项检测分析，学习使用专业的实验仪器，掌握实验操作技能。项目化学习则让学生以小组为单位，完成一个完整的战斗港河水质检测与修复方案的制订与实施。在这个过程中，学生们在实践中不断学习和成长，动手能力得到提高，学会将理论知识运用到实际操作中，解决实际问题的能力更是得到了充分锻炼。

3. 问题驱动

课程以“战斗港河能否养鱼”这一贴近生活的实际问题作为驱动，瞬间点燃学生的学习兴趣和探究欲望。为了回答这个问题，学生们需要主动去学习相关知识和技能，如了解鱼类生存所需的水质条件，这就涉及之前跨学科整合中的各类知识。他们会自主查阅资料，研究战斗港河现有的水质参数与鱼类生存适宜水质参数的差异，分析可能存在的问题及解决办法。这种问题驱动的方式改变了传统的被动学习模式，学生们由被动接受知识转变为主动探索知识，自主学习能力和创新思维能力得到显著提升。

4. 团队合作

课程十分强调小组合作学习。在小组活动中，每个学生都有明确的分工，有的负责水样采集，有的负责实验数据分析，有的负责查阅资料、撰写报告等。在这个过程中，学生们学会了分工协作，懂得发挥自己的优势，为小组目标贡献力量。同时，小组成员之间需要不断地沟通交流，分享自己的想法和发现，共同解决遇到的问题。通过团队合作，学生们不仅提高了工作效率，还培养了团队合作精神和集体荣誉感，深刻体会到了团队的力量大于个人。

5. 成果展示与评价

课程高度重视学生的成果展示和评价。在课程结束阶段，学生们通过演示文稿汇报，向老师和同学们展示自己小组的研究过程、成果及对战斗港河水质修复的建议；海报展示则以直观形象的方式呈现重点内容，吸引观众的注意力；研究报告撰写则要求学生系统地梳理整个学习和研究过程，锻炼了学生的文字表达和逻辑思维能力。教师在评价时采用多元化的评价方式，不仅关注学生的最终成果，还注重学生在学习过程中的表现，如团队合作能力、实践操作能力、创新思维等。这种全面的评价方式激励着学生不断进步，使他们在今后的学习中更加积极主动。

（三）亮点展示

在“水韵校园”课程的实施过程中涌现出了诸多亮点，具体如下。

1. 创新方案

在创意方案设计环节，学生提出了众多富有创意的方案，充分展现了他们的创新思维和实践能力。例如，有学生提出了利用微生物降解有机污染物的方案。该方案的实施使学生们不仅掌握了微生物培养和反应器设计的技能，还培养了科学探究和问题解决的能力，因此指导教师对该方案给予了高度评价，认为其兼具创新性和可行性。

此外，还有学生提出了利用太阳能进行污水处理的方案。学生们在方案中充分运用可再生能源，有效解决了传统污水处理装置能耗高的问题，再次彰显了他们的创新思维和实践能力。

2. 团队协作

在课程实施过程中,学生积极参与小组讨论和实践活动,展现了良好的团队协作精神和沟通能力。例如,在水质监测环节,学生分工合作,有的负责取样,有的负责检测,有的负责记录数据。他们相互支持、相互鼓励,共同克服了项目中的种种困难和挑战。

在学生小课题研究环节,学生通过小组讨论,提出了多种改善水质的方案。他们不仅分享了各自的想法,还对方案的可行性和效果进行了细致的讨论。通过这些讨论,学生们不仅提升了团队协作能力,还培养了批判性思维和问题解决能力。

3. 社会影响力

"水韵校园"课程的实施不仅有效改善了校园河流的水质状况,还引起了社会的广泛关注。学生们的课题研究多次参加上海市及金山区的青少年科创比赛,并荣获多项荣誉。校园水环境检测课程每年也会向全区的中小学生进行展示。这些活动不仅提升了学校的知名度,还增强了公众的环保意识。

此外,我们还与社区合作,共同开展了水质改善活动。例如,我们组织学生深入社区,开展以"水环境保护"为主题的宣传活动。通过这些活动,学生为社区的水环境保护做出了积极贡献,增强了社会责任感和使命感。

4. 具体案例

为了更好地展示"水韵校园"课程的成效亮点,以下列举几个具体的案例。

案例一:微生物降解有机污染物方案

在 A3 模块的教学过程中,某小组学生提出了一项利用微生物降解有机污染物的创新方案。他们通过查阅资料,了解到一些特定微生物具有高效降解水中有机污染物的能力,基于此,他们设计了一套利用微生物进行水质净化的方案。该方案的具体实施步骤如下。

微生物培养:学生从校园河流中采集水样,通过分离技术获取能够降解有机污染物的微生物,并在实验室条件下进行培养。

装置设计:学生设计了一种微生物反应器,通过控制温度、pH 值等关键参数,以优化微生物的降解效果。

实验验证:学生将培养成熟的微生物加入反应器中,对含有有机污染物的水样进行处理。通过对比处理前后的水质指标,有效验证了微生物降解有机污染物的实际效果。

该方案不仅展现出高度的创新性,而且具备较高的可行性,因此得到了指导教师的高度评价。通过实施此方案,学生不仅熟练掌握了微生物培养和反应器设计的核心技能,还进一步培养了科学探究精神和问题解决能力。

案例二:太阳能污水处理装置

在A3模块的教学中,另一小组学生提出了一项利用太阳能进行污水处理的创新方案。他们设计了一种太阳能驱动的污水处理装置,该装置通过太阳能电池板提供动力,利用过滤和吸附材料对污水进行处理。该方案的具体实施步骤如下。

装置设计:学生设计太阳能驱动的污水处理装置,该装置包括太阳能电池板、过滤器、吸附材料等关键组件。

实验验证:学生将装置部署在校园河流附近,对河水进行处理。通过对比处理前后的水质指标,有效验证了装置的污水处理效果。

优化改进:学生根据实验结果,对装置进行了针对性的优化和改进,进一步提高处理效率和稳定性。

该方案不仅充分利用了可再生能源,还有效解决了传统污水处理装置能耗高的问题,充分展现了学生的创新思维和实践能力。通过实施此方案,学生不仅掌握了太阳能电池板和污水处理装置的设计技能,还进一步培养了团队协作和问题解决能力。

案例三:社区水质改善活动

在课程的综合提升阶段,我们与社区紧密合作,共同开展了一系列水质改善活动。例如,我们组织学生和社区居民一起清理河流沿岸的垃圾,并积极开展环保宣传活动。该活动的具体实施步骤如下。

活动实施:学生和社区居民携手合作,共同清理河流沿岸的垃圾,并进行了广泛的环保宣传。通过这些活动,学生不仅为社区的水环境保护做出了积极贡献,还进一步增强了他们的社会责任感和使命感。

活动总结:活动结束后,学生和社区工作人员对活动进行了全面总结,深入分析了活动的成效和不足之处,并提出了切实可行的改进建议。

通过这些活动,学生不仅提升了团队协作和沟通能力,还进一步增强了他们的社会责任感和使命感。同时,这些活动也引起了社会的广泛关注,有效提升了公众的环保意识。

五、思考延续:项目成果转化与教育延伸

(一)课程实施成果总结

“水韵校园”课程的实施取得了丰硕的成果。不仅帮助学生掌握了水质检测的基本技能,还培养了他们的环保意识和创新能力。通过水质监测、数据分析、实地考察、创意方案设计等一系列活动,学生能够全面深入地了解水环境问题的现状与挑战,并提出切实可行的解决方案。

首先,在生态知识方面,学生通过课程学习,系统掌握了常见的水质检测指标和检测方法,了解了水质净化的原理及方法。例如,在A2模块的教学中,学生实地采集战斗港河的水样,并使用多参数水质分析仪进行检测,掌握了溶解氧、pH值、氨氮等关键指标的检测方法。这些实践活动不仅巩固了课堂所学的理论知识,还培养了学生的科学探究能力。

其次,在生态意识方面,学生的环保意识和社会责任感得到了显著提升。通过实地考察和专题讲座,学生深刻认识到水环境问题的紧迫性和严重性,并充分意识到保护水资源的重要性。例如,在A1模块的教学中,学生通过观察校园水环境,发现了影响河流水质的多种因素,进而提出了加强环保宣传、减少污水排放等切实可行的建议。这些建议不仅体现了学生的环保意识,还展现了他们的社会责任感。

最后,在生态技能方面,学生不仅掌握了基本的水体采样、检测、分析处理的方法,还能够独立设计简易的净水装置。例如,在A3模块的教学中,学生根据自然界水体净化的原理,充分发挥创新思维,设计了多种简易净水装置,并通过实验验证了其实际效果。这些实践活动不仅提升了学生的动手能力,还进一步培养了他们的创新思维和问题解决能力。

(二)课程实施中的问题与反思

尽管“水韵校园”课程取得了显著的成效,但在实施过程中也暴露出了一些问题和不足之处。首先,部分学生在水质监测过程中操作不够规范,导致检测数据存在一定的偏差。例如,在采集水样时,有些学生未能严格按照采样规范进行操作,导致水样受到污染或采样点选择不当,从而影响了检测结果的准确性。针对这一问题,我们将在今后的课程中加强操作规范的培训,确保每位学生都能熟练掌握水质检测的基本技能,提高检测数据的准确性。

其次,部分学生在小课题研究的设计过程中缺乏创新思维,提出的方案过于简单且缺乏可行性。例如,有些学生在设计净水装置时未能充分考虑实际应

用中的复杂因素,导致方案难以实施。针对这一问题,我们将在今后的课程中加强对创新思维的培养,鼓励学生大胆尝试、勇于创新,提出更加切实可行且具有创新性的解决方案。

此外,课程的时间安排和资源分配也存在一定的不足。由于课程时间有限,部分学生未能充分参与到每个环节中,学习效果不够理想。针对这一问题,我们将在今后的课程中合理安排时间,确保每位学生都能充分参与到每个环节中,提升整体学习效果。

（三）未来展望与应用加强

在未来的工作中,我们将继续深化"水韵校园"课程的研究与实践,进一步提升课程的质量和效果。

首先,我们将加强科学研究,积极探索更加先进的水质检测和净化技术,为学生提供更加丰富的学习资源和实践机会。例如,我们将引入更多的先进仪器和设备,提高水质检测的准确性和效率;同时,我们还将加强与科研机构的合作与交流,开展更加深入的水环境研究,为学生提供更加广阔的学习和发展平台。

其次,我们将加强与社区的合作,共同推广环保理念,为构建更加美丽、和谐、可持续的校园环境而不懈努力。例如,我们将与社区合作,共同开展水质改善活动,组织学生和社区居民一起清理河流沿岸的垃圾,并进行环保宣传和教育,提高公众的环保意识。

此外,我们还将加强课程的应用推广力度,将"水韵校园"课程的成功经验推广到更多的学校和社区,为更多的学生提供学习机会和发展空间。例如,我们将与其他学校建立合作关系,开展水质检测和净化的培训课程,帮助他们建立类似的教学项目,共同推动水环境教育的发展。

（四）总结

总的来说,"水韵校园"课程的实施显著提升了学生的生态知识、环保意识和实践技能。通过多样化的教学活动,学生掌握了水质检测的关键技术,深刻理解了水质净化的科学原理。此外,课程通过创意方案设计等实践活动,有效激发了学生的创新思维和问题解决能力,使他们能够针对实际水环境问题提出可行的解决方案。

在未来的工作中,我们将继续深化科学研究、加强社区合作、推广环保理念,为构建更加美丽、和谐、可持续的校园环境而努力奋斗。我们相信,通过我们的不懈努力和持续奋斗,战斗港河将成为校园内一道更加美丽的风景线,为师生提供更加优质的生态环境和更加美好的学习生活环境,为校园生态文明建设做出更大的贡献。

第四章　生态环保创新实践类项目实践探索案例

教育作为连接知识与行动的桥梁,正通过创新实践培养青少年的生态责任感与问题解决能力。上海师大二附中聚焦生态环保领域的前沿探索,以真实项目为依托,展现教育如何将理论知识转化为可持续发展的解决方案。

从政策倡导到技术革新,从校园行动到社会参与,生态环保创新实践为学生提供了理解自然、服务社会的平台。通过系统的项目设计与实践,学生在调研分析、团队协作与创新应用中深化对生态问题的认知,掌握科学思维方法,提升综合素养。这些实践不仅为环境保护注入活力,更在探索中构建起教育与生态协同发展的新模式。

第一节　“绿色律动”:生态环保提案课程实践

一、背景:环保教育需求与提案课程价值

在全球生态环境持续恶化的严峻形势下,生态环保已成为全人类共同面临的重大挑战。生物多样性的锐减速度令人担忧,据国际自然保护联盟(IUCN)红色名录数据显示,当前约有2.8万个物种正濒临灭绝,这对整个生态系统的稳定性构成了严重威胁。蜜蜂,作为自然界中不可或缺的传粉者,其数量的急剧下降直接影响到农作物的授粉过程,进而危及全球粮食安全。据统计,全球约75%的粮食作物依赖动物传粉,蜜蜂数量的减少可能导致粮食大幅减产,甚至引发全球性的粮食危机。

生态平衡的维系对地球的可持续发展起着不可忽视的作用。森林素有“地球之肺”的美誉,不仅能够大量吸收二氧化碳、释放氧气,还具备涵养水源、保持水土的重要功能。然而,近年来森林砍伐现象屡禁不止,每年约有1000万公顷

的森林遭到破坏。这不仅导致大量动植物失去栖息地,还进一步加剧了水土流失和气候变化。在一些热带雨林地区,森林的过度砍伐使当地生态系统遭受严重破坏,众多珍稀物种濒临灭绝,同时还频繁引发洪水、泥石流等自然灾害,给当地居民的生命财产安全带来巨大威胁。

环境污染和资源浪费问题同样不容忽视。随着工业化和城市化进程的加快,大量工业废水、废气和废渣被肆意排放,对土壤、水源和空气造成了严重污染。世界卫生组织(WHO)报告指出,每年约有700万人因空气污染而过早死亡。在一些发展中国家的大城市,雾霾天气频繁出现,严重影响居民的身体健康和生活质量。与此同时,资源的过度开采和浪费使得地球的资源储备日益枯竭。以水资源为例,全球约有22亿人无法获取安全的饮用水,而工业和农业用水的浪费现象依然普遍存在。

生态环保对于推动可持续发展具有不可替代的重要作用。可持续发展理念要求我们在满足当代人需求的同时,不损害后代人满足其自身需求的能力。通过大力推广清洁能源、积极发展循环经济等有效措施,我们可以实现经济发展与环境保护的良性互动和双赢局面。例如,丹麦在风能利用领域取得了举世瞩目的成就,其风力发电占全国总发电量的比例超过60%,不仅大幅减少了对传统化石能源的依赖,还显著降低了碳排放,成功实现了经济的可持续增长。

在当前的教育体系中,环保教育虽逐渐受到重视,但仍存在诸多亟待解决的问题。从课程设置来看,部分学校的环保教育课程缺乏系统性和连贯性,往往仅作为一门选修课程,或者在其他学科中零散提及,未能构建起完整的知识体系。例如,在一些中学,环保教育仅在生物、地理等学科中略有涉及,但缺乏深入的探讨和实践活动,难以让学生形成全面而深入的理解。

在教学方法上,传统的环保教育以理论讲授为主,缺乏实践环节和互动性,难以有效激发学生的学习兴趣和积极性。学生往往只是被动地接受知识,缺乏主动思考和解决问题的能力,无法将所学知识灵活运用到实际生活中。此外,环保教育与其他学科的融合程度不够,未能充分发挥各学科的独特优势,难以形成强大的教育合力。

将环保提案课程融入课程体系具有重要的必要性和现实意义。一方面,这有助于全面培养学生的综合素养和社会责任感。通过参与环保提案的撰写和实践,学生不仅能够学到丰富的环保知识,还能锻炼自己的调研、分析、写作和沟通能力,增强对社会问题的关注,使自身成为具有担当精神的公民。另一方面,环保提案课程可以与多个学科进行有机融合,促进学科之间的交叉渗透。

例如，在撰写环保提案时，学生需要运用数学知识进行数据统计和分析，运用化学知识了解污染物的成分和危害，运用语文知识进行提案的撰写和表达，从而实现知识的融会贯通，提升学生的综合能力。

在与其他学科的关联方面，环保提案课程与思想政治学科紧密相连。学生在探讨环保问题的过程中可以深入理解可持续发展战略、绿色发展理念等重要思想，增强对国家政策的认识和理解，培养正确的价值观和世界观。与地理学科结合，能让学生更好地了解生态系统的结构和功能，以及环境问题的地理分布和成因，从宏观和微观两个角度认识环境问题。与化学学科结合，则能帮助学生深入了解污染物的化学性质和治理方法，为解决环境问题提供科学依据，培养学生的科学思维和实践能力。

"绿色律动"的课程体系包括理论学习、实地调研、小组讨论、提案撰写、模拟提案、提案分享等多个环节。通过这些环节的实施，学生不仅能够掌握基础的环保知识和政协提案的基本概念，还能够通过亲身实践，提高调研能力、团队协作能力和沟通表达能力。同时，课程还充分利用了馆校合作资源，结合授课演示文稿的直观展示，为学生提供丰富的学习材料和互动体验，确保课程内容的科学性和实用性。

二、主题设计：以环保提案为核心的综合素质培养

（一）课程目标设定

党的十九大明确提出："要全面贯彻党的教育方针，落实立德树人根本任务，发展素质教育，推进教育公平，培养德智体美全面发展的社会主义建设者和接班人。"《普通高中思想政治课程标准（2023 年）》也指出，普通高中的培养目标是进一步提升学生综合素质，着力发展核心素养。高中思想政治课程具有学科内容的综合性、学校德育工作的引领性和课程实施的实践性等特征，它与初中"道德与法治""高校思想政治理论"等课程相互衔接，与时事政治教育相互补充，与高中其他学科教学和相关德育工作相互配合，共同承担思想政治教育立德树人的重要任务。（鲁新民，2021：4）

本课程作为统编版普通高中思想政治课程必修三《政治与法治》第六课"我国的基本政治制度"下第一框"中国共产党领导的多党合作和政治协商制度"的课后延伸内容，要求学生尝试设计绿色金融或生态手段解决生态问题，与必修二《经济与社会》中第二课"社会主义市场经济体制"和第三课"我国的经济发展"中的新发展理念、建设现代化经济体系高度契合。

该课程旨在全方位培养学生的综合能力，使其在生态环保领域具备扎实的基础知识和熟练的实践技能。在知识层面，学生将深入探究生态环境问题的成因、现状和危害，系统掌握相关的环保政策法规和治理技术。例如，通过课程学习，学生将能够准确阐述大气污染的主要污染物成分、来源及对人体健康和生态系统的危害，同时熟悉国家在大气污染防治方面的相关政策法规，为解决实际问题提供理论支持。

在能力培养方面，课程着重提升学生发现问题、分析问题和解决问题的能力。通过实地调研、案例分析等多样化的活动，引导学生敏锐地捕捉身边的生态环境问题，并运用所学知识进行深入分析，提出切实可行的解决方案。在一次关于校园垃圾分类的调研中，学生们通过细致观察和统计，发现校园内垃圾分类存在投放不准确、回收不及时等问题。随后，他们运用数据分析和对比研究的方法，深入分析问题产生的原因，并提出了优化垃圾分类设施布局、加强宣传教育等一系列针对性强的解决方案，从而锻炼了实践能力和创新思维。

同时，课程注重培养学生的协商合作能力和团队协作精神。在环保提案的撰写和展示过程中，学生们需要分组合作，共同完成调研、分析、撰写、展示等任务。通过团队协作，学生们学会倾听他人的意见和建议，发挥各自的优势，共同攻克难题。在一次模拟政协提案活动中，学生们分组对当地河流污染问题进行调研和分析，每个小组都明确了各自的分工：有的负责实地采样，有的负责查阅资料，有的负责撰写提案。在合作过程中，学生们相互交流、相互学习，最终形成了高质量的提案，有效提升了团队协作能力和沟通能力。

此外，课程还致力于增强学生对社会主义协商民主制度的理解，提升他们的制度自信和文化自信。通过模拟政协提案的形式，学生亲身体验社会主义协商民主的实践过程，了解我国民主制度的优越性，培养学生的公民意识和社会责任感。在模拟政协提案活动中，学生们扮演政协委员，围绕生态环保问题展开热烈讨论和协商，提出自己的提案和建议。通过这一过程，学生们深刻体会到社会主义协商民主制度能够广泛凝聚社会各界的智慧和力量，共同推动社会的发展和进步，从而增强了他们的政治认同和制度自信。

（二）以环保提案为核心的主题设计思路

本课程以环保提案为核心，紧密围绕学生身边的生态环境问题展开教学。在主题选择上，我们充分考虑学生的生活实际和兴趣点，引导学生关注校园、社区及周边环境中的热点问题，如校园垃圾分类、校园绿化、社区噪声污染、河流污染等。这些问题与学生的生活息息相关，更容易引起他们的关注和兴趣，激发他们的参与热情。

在设计思路上,我们首先引导学生通过实地观察、问卷调查、访谈等多种方式,深入了解环境问题的现状和成因。以校园垃圾分类为例,学生们通过实地观察垃圾桶的分布和使用情况,发放问卷了解师生对垃圾分类的认知和态度,访谈学校后勤人员了解垃圾分类的管理情况等方式,全面掌握了校园垃圾分类存在的问题,为后续提出解决方案奠定基础。

接着,我们组织学生运用所学的多学科知识,从政策法规、绿色金融、生态手段等多角度探究解决生态问题的措施。在解决河流污染问题时,学生们不仅从化学角度分析污染物的成分和治理方法,还从政策法规角度探讨如何加强监管和执法力度,同时从绿色金融角度思考如何引入资金支持河流治理项目。这过程培养了学生的综合思维和创新能力。

最后,我们鼓励学生以模拟政协提案的形式,将自己的调研成果和解决方案呈现出来。在提案撰写过程中,我们注重培养学生的逻辑思维和文字表达能力,要求提案内容具有科学性、可行性和创新性。学生们在撰写提案时需要明确问题的提出、分析和解决方案,同时注重语言的准确性和规范性,使提案具有较高的质量和参考价值。这一环节有效提升了学生的书面表达能力和逻辑思维能力。

通过这样的主题设计思路,我们不仅能有效激发学生的学习兴趣和主动性,还能让学生在实践中不断提升综合能力,真正实现学以致用,将理论知识转化为实际行动。以下是学生尝试使用上海自然博物馆课程资源包“生物的适应——鸟类足喙探秘”构建的内容框架(表4-1)。

表4-1　“绿色律动”内容架构

活动板块	活动名称	活动资源	活动目标	课时
理论学习	利用鸟类的迁徙活动对生态环境的修复引入话题。	课程资源包“生物的适应——鸟类足喙探秘”	帮助学生建立关于该项目课程的理性认识,为后续课堂活动做铺垫。	1
	关于政协提案的理论学习;关于模拟政协提案的相关知识。	必修二和必修三的教材相关内容		

续表

活动板块	活动名称	活动资源	活动目标	课时
提案撰写	关于生态修复的手段介绍	场馆资源	围绕党和政府在生态环保领域的立法、战略部署，让学生了解生态保护方面的前沿做法，综合运用高中思想政治必修二和必修三的相关内容分析解决生态问题中的经济措施，同时了解关于人工智能在环境领域的运用，为后续生态环境问题的观察和解决提供技术手段方面的知识储备，方便学生进一步对环境问题的解决做出规划。	7
	关于绿色金融手段的介绍	1. 网络资源 2. 关于绿色金融的国家相关政策		
	活动要求的明细	网络资源：关于模拟政协提案的要求		
提案分享	以小组为单位进行模拟政协提案的分享		对项目化合作成果进行展示，进一步锻炼学生的团队合作能力、表达能力等关键能力。	2

三、实施步骤："调研—设计—展示"提案生成机制

（一）前期调研与问题聚焦

在课程实施的前期阶段，组织学生进行深入细致的调研工作，以精准聚焦当地的生态环境问题。调研方法主要包括实地观察、问卷调查、访谈等，多种方法相互补充，以确保调研结果的全面性和准确性。

实地观察是学生了解环境问题的重要途径之一。上海师大二附中作为上海市生态文明教育特色普通高中，校园环境建设成果斐然，为学生提供了广阔的实践场地。同时，学校地处杭州湾畔，南邻海滨，毗邻上海石油化工股份有限公司和上海湾区高新技术园区，这为学生们深入校园、社区、河流、工厂等场所实地观察环境现状、详细记录存在的问题提供了有利条件。例如，在对校园绿化情况进行实地观察时，学生们发现校园内部分植物生长不良，存在病虫害问题，且绿化布局不够合理，缺乏景观效果，影响了校园整体环境的美观和生态功能。

问卷调查则能更广泛地收集信息，了解公众对环境问题的认知和态度。在关于社区噪声污染的调研中，学生们设计了详细的问卷，内容涵盖噪声来源、噪声对生活的影响、对噪声污染治理的建议等。通过对社区居民进行问卷调查，学生们发现社区内的噪声主要来源于建筑工地、交通和商业活动，噪声污染对居民的生活和休息造成了严重影响，居民们对噪声污染治理的需求十分迫切，

这为后续解决问题提供了明确方向。

访谈是获取专业信息和意见的有效方式。学生们针对不同的环境问题，访谈了相关的专家、政府官员、企业负责人、居民等。在研究河流污染问题时，学生们访谈了环保部门的工作人员，了解河流污染的监测数据和治理措施；访谈了河流周边的居民，了解河流污染对他们生活的影响；访谈了相关企业负责人，了解企业在污水处理方面的情况。通过多方面的访谈，学生们能够获取更全面、更深入的信息，为分析问题和提出解决方案提供有力支持。

通过综合运用多种调研方法，学生们能够全面深入地了解当地的生态环境问题，并对问题进行准确的聚焦。在对校园垃圾分类问题进行调研后，学生们明确了问题的关键在于垃圾分类设施不完善、宣传教育不到位及师生参与度不高等方面，这为后续制订解决方案提供了明确的目标。

（二）模拟政协提案的形成过程

在明确问题后，学生们在教师的悉心指导下开始撰写模拟政协提案（表4-2）。提案的形成过程主要包括政策法规研究、绿色金融探讨、生态手段分析等关键环节，每个环节紧密相连，缺一不可。

表4-2　“绿色律动”模拟政协提案活动记录表

<table>
<tr><td>提案名称</td><td colspan="4"></td></tr>
<tr><td>小组名称</td><td colspan="2"></td><td>记录人</td><td></td></tr>
<tr><td colspan="5">提案人团队信息（不超过6人）</td></tr>
<tr><td></td><td>姓名</td><td>性别</td><td colspan="2">联系方式</td></tr>
<tr><td>组长</td><td></td><td></td><td colspan="2"></td></tr>
<tr><td rowspan="5">组员</td><td></td><td></td><td colspan="2"></td></tr>
<tr><td></td><td></td><td colspan="2"></td></tr>
<tr><td></td><td></td><td colspan="2"></td></tr>
<tr><td></td><td></td><td colspan="2"></td></tr>
<tr><td></td><td></td><td colspan="2"></td></tr>
<tr><td>研究目的</td><td colspan="4"></td></tr>
<tr><td>研究方法</td><td colspan="4"></td></tr>
</table>

续表

任务分配	任务种类	人员安排
	查阅汇总资料	
	讨论筛选资料	
	实地调查	
	对策研讨	
	提案撰写	
	展示交流	
	其他:________	
活动实施		

政策法规研究是提案撰写的重要基石。学生们通过查阅相关的法律法规、政策文件,深入了解国家和地方在生态环保方面的政策导向及具体要求。在撰写关于大气污染防治的提案时,学生们深入研究了《中华人民共和国大气污染防治法》及当地的大气污染防治行动计划,明确了政策法规对大气污染治理的目标、任务和措施要求,确保提案内容符合政策法规,具备合法性和可行性。

绿色金融探讨旨在探寻解决生态问题的资金支持新路径。学生们了解了绿色信贷、绿色债券、绿色保险等绿色金融工具的运作机制,并探讨了如何运用这些工具为环保项目提供资金保障。在研究河流治理项目时,学生们提出可以通过发行绿色债券的方式吸引社会资本参与河流治理,有效解决资金短缺问题,为环保项目的顺利实施提供坚实的资金支持。

生态手段分析则是从生态保护和修复的角度出发,提出具有创新性的解决方案。学生们运用生态学原理,探讨了如何通过生态工程、生物修复等手段,实现生态环境的改善和修复。在关于湿地保护的提案中,学生们提出可以建设人工湿地,利用湿地植物的净化功能处理污水,同时恢复湿地的生态功能,保护生物多样性,这一提案充分体现了生态保护和修复的理念。

在提案撰写过程中,教师注重引导学生从多个角度思考问题,确保提案内容具有科学性、可行性和创新性。学生们经过反复讨论和修改,不断完善提案内容,最终形成了高质量的模拟政协提案,有效提升了学生的问题解决能力和创新思维。

（三）提案展示与交流

在课程实施的宏大版图中，提案展示占据着举足轻重的地位，它犹如一座桥梁，连接着知识理论与实践应用，是学生能力成长与展示的关键舞台。

提案展示为学生提供了全方位锻炼能力的契机。在团队协作层面，从资料收集的分工合作，到思路讨论时的各抒己见，再到展示内容制作的协同配合，每个环节都考验着学生的团队凝聚力和沟通能力。大家为了共同的目标各司其职却又紧密相连，合力打造出高质量的提案展示。口头表达能力的提升则贯穿于向观众阐述提案的整个过程，学生们需要用清晰、逻辑严密的语言，将复杂的想法准确传达给听众。在准备展示素材的过程中，无论是制作精美的幻灯片，还是设计吸引人的展板，都极大地锻炼了学生们的动手制作能力。

1. 幻灯片演示：信息的直观呈现

在幻灯片演示环节，学生们充分释放创意与智慧，将调研成果、问题剖析及解决方案以图文交融的形式生动呈现出来。每一页幻灯片都经过精雕细琢，文字简洁有力，图片精准表意，确保观众能够迅速、直观地把握提案核心。以校园垃圾分类提案展示为例，学生们在幻灯片中详细罗列了垃圾桶的分布位置、垃圾投放的具体时间等细节，让校园垃圾分类的现状一目了然；针对垃圾桶标识模糊、学生分类意识淡薄等问题进行了深入分析；提出的改进措施，如设置垃圾分类引导员、开展垃圾分类知识讲座等，既全面又具有实操性。同时，辅以不同时段垃圾种类占比的数据图表、校园垃圾混放的实景照片等，使展示内容极具说服力与吸引力，学生们的幻灯片制作与演示能力也在这一过程中得到了显著提升。

2. 展板展示：视觉的焦点吸引

展板展示格外注重视觉效果，学生们充分发挥设计天赋，将提案内容精心转化为精美的展板，放置在校园的醒目位置。展板设计秉持简洁明了、重点突出的原则，色彩搭配和谐，排版布局合理。在社区环境改善提案展示中，展板上既有社区垃圾堆积、绿化匮乏的高清照片，真实反映了存在的问题；又有通过3D建模呈现的改进后效果图，展现出绿树成荫、道路整洁、休闲设施齐全的美好社区景象。这些展板成功吸引了师生和社区居民的目光，收获了广泛的关注与好评，学生们的设计能力与宣传能力也得到了充分锻炼。

3. 现场演讲：风采的激情绽放

现场演讲是学生展示提案的关键途径，也是最能展现个人魅力与能力的环节。学生们站在演讲台上，以清晰、流畅且富有感染力的语言，深入阐述提案的背景、目的、内容与意义。在模拟政协提案展示活动中，学生们化身为“政协委员”，以专业自信的姿态发表演讲，条理清晰地提出提案与建议，并积极与其他“委员”交流讨论。在思想的碰撞中，他们不断锤炼自己的口头表达与沟通能力。

在提案展示过程中，学生们积极与观众互动，热情解答疑问，虚心接纳意见建议。这种展示与交流的方式不仅为学生提供了展示成果的机会，更让他们能从他人的反馈中发现自己的不足，不断完善提案，提升自身能力。在此过程中，学生们的反思能力与自我提升能力也得到了良好的培养。

在提案分享阶段，培养学生的传播能力与社交能力是重中之重。通过引导学生运用社交媒体平台、线上会议软件等先进科技工具分享传播提案，他们学会了精准地将观点传递给更广泛的受众。同时，鼓励学生积极参与社交媒体上的讨论交流，在与不同人群的思想交锋中，培养他们的社交能力与批判性思维。

以快递包装盒处理的展示为例，学生们采用了多种展示形式相结合的方式。在幻灯片演示环节，他们呈现了快递行业迅猛发展致使快递包装盒数量激增的数据，以及包装盒随意丢弃造成的环境污染问题，如占用大量土地资源、难以降解等。同时，还介绍了焚烧产生有害气体、填埋长期占用土地等常见处理方式的弊端。在展板展示方面，他们制作的展板上有快递包装盒从生产到废弃的流程示意图，以及用包装盒制作小书架、收纳盒等创意回收利用作品的图片。在现场演讲环节，学生们向观众详细讲解了建立社区回收点、鼓励商家使用可降解包装盒、开展包装盒回收积分兑换活动等处理方案。在展示过程中，学生们与观众积极互动，解答了关于回收点设置位置、积分兑换规则等问题。这次展示不仅成功唤起了大众对快递包装盒处理问题的关注，也使学生们自身的各方面能力得到了全方位的锻炼与提升。

（四）提案展示的整体评价

提案展示结束后，科学合理的评价能够进一步促进学生的成长与进步。评价可从多个维度展开。

内容完整性与深度：这一维度重点考察提案内容是否涵盖了从问题提出、分析到解决方案的完整链条。在内容深度上，要查看是否对问题根源进行了深入挖掘，解决方案是否具有创新性和可操作性。例如，在校园垃圾分类提案中，若学生不仅指出了表面的垃圾混放现象，还能分析出背后管理机制和学生环保意识培养的缺失，同时提出的改进措施包含长期的宣传教育规划及配套的奖惩制度，则可在这一维度获得较高评价。

展示形式运用恰当性：评价幻灯片演示是否充分利用图文结合，有效地传达信息；展板展示是否设计合理，能够吸引观众注意力并突出重点；现场演讲是否语言表达流畅、富有感染力，且与幻灯片、展板等展示形式相互配合。比如，在快递包装盒处理提案展示中，若演示文稿中数据图表与文字解释搭配得当，展板上流程示意图和创意作品图片布局合理，现场演讲者能依据幻灯片和展板内容进行讲解，把控节奏，与观众互动良好，则可在这一维度得到肯定。

团队协作效果：观察团队成员之间在整个提案展示准备过程中的分工是否明确，协作是否顺畅，有无沟通障碍和冲突解决的良好表现。可以通过询问团队成员各自的任务及对其他成员工作的了解程度，查看是否存在团队成员孤立工作的情况。若在社区环境改善提案展示中，团队成员能共同参与调研、制作展板、准备演讲内容，彼此之间相互支持，则体现出了良好的团队协作效果。

互动与反馈处理能力：关注学生在展示过程中与观众互动的积极性和效果，以及对观众提出的问题和建议的处理方式。积极回应观众疑问，并且能够根据反馈及时调整和完善提案内容的学生在这方面表现更为出色。例如，在模拟政协提案展示活动中，若"政协委员"们能认真倾听其他"委员"的意见，对合理建议进行记录并表示后续会考虑融入提案，则展现出了较强的互动与反馈处理能力。

通过这样全面且细致的评价（表4-3），学生能够清晰地认识到自己在提案展示中的优势与不足，为今后在类似活动中取得更好的表现提供方向。同时，也让提案展示这一重要的课程实施环节发挥出更大的教育价值，持续助力学生能力的提升与发展。

表4-3　"'小建言'助力生态保护"提案评价表

（占个人最终成绩60%）

评价指标	具体评价细则	小组自评（20%）	小组评分（20%）	教师评分（60%）	得分
选题的公共性（25分）	在生态文明领域，选择人民群众反映强烈的突出问题，选择学生们实际生活中遇到的迫切需要解决的问题。				
问题的知情度（25分）	情况要明确，既要知上情，也要知下情，反映的问题真实可靠，数字、文本引用要精准。				

续表

评价指标	具体评价细则	小组自评（20%）	小组评分（20%）	教师评分（60%）	得分
建议的参考性（25分）	要提供可操作的办法措施，有解决问题的新思路，有利于生态保护，不能与现行的政策规定相矛盾。				
格式的规范性（25分）	一份完整提案应包括“背景和问题”“产生原因问题建议”三个部分，字数在1500字左右，坚持一事一案。	—	—		

四、成效亮点：全面能力发展与学科融合应用

（一）学生能力的全面发展

通过参与本课程的学习和实践，学生们在多个方面的能力得到了显著提升。

在发现问题能力方面，学生们学会了从日常生活中敏锐地捕捉生态环境问题。通过实地调研和观察，他们能够发现一些容易被忽视的环境问题，并提出有针对性的解决方案。例如，在一次校园巡查中，学生们发现校园内的雨水排放系统存在堵塞问题，容易导致积水和洪涝灾害。经过进一步的调查和分析，他们提出了清理排水管道、优化排水系统布局等解决方案，这有效培养了学生的观察力和问题发现能力。

分析问题能力是学生们在课程中锻炼的重要能力之一。面对复杂的环境问题，学生们能够运用所学的知识和方法，进行深入的分析和研究。在研究河流污染问题时，学生们通过对水质监测数据的分析、污染源的排查及对周边生态环境的调查，全面了解了河流污染的成因和影响，并提出了相应的治理措施，提升了分析能力和逻辑思维能力。

解决问题能力是课程的核心目标之一。通过撰写模拟政协提案，学生们将自己的分析和思考转化为实际的解决方案，并尝试推动问题的解决。在关于校园垃圾分类的提案中，学生们提出了一系列具体的改进措施，如增加垃圾分类设施、加强宣传教育、建立监督机制等。这些措施得到了学校的采纳和实施，校园垃圾分类情况得到了明显改善，这有效培养了学生的实践能力和问题解决能力。

协商合作能力和团队协作精神在课程中也得到了充分的培养。在小组合作完成调研和提案撰写的过程中，学生们学会了与他人沟通交流、协商合作，共

同解决问题。在一次关于社区绿化的提案中,学生们分组进行调研和设计,每个小组都充分发挥自己的优势,共同完成了提案的撰写和展示。通过这次活动,学生们不仅提高了自己的能力,还增强了团队凝聚力,提升了团队协作能力和沟通能力。

表达能力也是学生们在课程中提升的重要能力之一。无论是在提案展示还是在与他人的交流中,学生们都需要清晰、准确地表达自己的观点和想法。通过多次的展示和交流活动,学生们的口头表达和文字表达能力都得到了显著提高,为未来的学习和工作打下了坚实的基础。

(二) 学科知识的融合应用

本课程的另一个显著成效是促进了学科知识的融合应用。学生们在解决生态环境问题的过程中需要综合运用多个学科的知识和方法。

在数学学科方面,学生们运用统计学知识对调研数据进行分析和处理,通过建立数学模型预测环境问题的发展趋势。在研究大气污染问题时,学生们通过对空气质量监测数据的统计分析,了解大气污染物的浓度变化规律,并运用数学模型预测未来的空气质量状况,为制定污染防治措施提供了数据支持。

化学学科知识在环保提案中也发挥了重要作用。学生们运用化学原理分析污染物的成分和性质,提出相应的治理方法。在处理工业废水污染问题时,学生们通过化学分析确定废水中污染物的种类和浓度,然后选择合适的化学处理方法,如中和、沉淀、氧化还原等,对废水进行处理,这体现了化学知识在环保中的实际应用。

生物学科知识则帮助学生们从生态系统的角度理解环境问题,提出生态保护和修复的措施。在湿地保护提案中,学生们运用生物学知识了解湿地生态系统的结构和功能,提出通过种植湿地植物、恢复湿地生态环境等措施,保护湿地生物多样性,这体现了生物学科知识在生态保护中的重要作用。

地理学科知识为学生们分析环境问题提供了独特的空间视角。在研究城市热岛效应时,学生们借助地理信息系统(GIS)技术,对城市不同区域的气温、下垫面类型、人口密度等数据进行综合分析,清晰地呈现出热岛效应的分布范围和强度变化。通过对这些数据的可视化处理,学生们能够直观地发现热岛效应与城市建筑布局、绿化覆盖程度之间的关联,进而提出增加城市绿地面积、优化建筑规划等缓解热岛效应的有效措施。同样,在研究水土流失问题时,学生们运用地理知识分析地形地貌、降水特征及植被覆盖情况对水土流失的影响,从而有针对性地提出在陡坡退耕还林、修建梯田等水土保持方案。

此外，语文、思想政治等学科知识也在提案撰写和展示中发挥了关键作用。语文知识帮助学生们准确、流畅地表达自己的观点和想法，使提案内容逻辑清晰、语言精练。在撰写提案时，学生们需要运用语文的写作技巧，如结构布局、用词造句等，将复杂的调研成果和解决方案有条理地呈现出来。思想政治知识则引导学生们从政策法规、社会责任感等角度思考环境问题，增强对社会主义协商民主制度的理解和认同。在讨论环保政策的实施和推动时，学生们能够从思想政治的高度，理解政策背后的意义和目的，积极为环保事业贡献自己的力量。

五、深度思考：问题理解深化与资源形式拓展

（一）对课程实施的反思与总结

在课程实施过程中，我们取得了一些成绩，但也遇到了一些问题和挑战。

从成绩方面来看，学生们的参与度和积极性较高，对生态环保问题的关注度和认识程度有了显著提升。通过课程学习和实践，学生们的综合能力得到了全面提升，在发现问题、分析问题、解决问题、协商合作、表达能力等方面都取得了显著进步。同时，学科知识的融合应用也得到了较好的体现，学生们能够运用多学科知识解决实际问题，实现了知识的融会贯通。

然而，在课程实施过程中，也存在一些不足之处。首先，在调研环节，部分学生缺乏调研经验，在问卷设计、访谈技巧等方面存在一些问题，导致调研数据的质量不高。例如，问卷问题设置不够精准，无法获取有效信息；访谈过程中缺乏有效引导，难以深入挖掘关键问题。其次，在提案撰写过程中，一些学生对政策法规的理解不够深入，提出的解决方案缺乏可行性和创新性。比如，部分提案未充分考虑实际执行的成本和难度，或者提出的措施过于笼统，缺乏具体的实施步骤。此外，由于时间和资源的限制，一些实践活动的开展不够充分，影响了课程的效果。例如，实地考察的次数有限，学生们无法深入了解环境问题的实际情况；实验设备和材料不足，限制了学生们对一些环境治理技术的实践操作。

（二）对未来发展的展望与建议

针对课程实施过程中存在的问题，我们对未来的发展提出以下展望和建议。

在教学方法上，应进一步加强对学生调研能力的培养。在课程开始前，安排专门的调研培训课程，向学生传授问卷设计、访谈技巧、数据收集与分析等方面的知识和技能。同时，在实践过程中，教师应给予学生更多的指导和反馈，帮

助学生不断改进调研方法，提高调研数据的质量。除了关注身边生态问题的调研，还应引导学生学会收集全球生态问题相关的数据，如利用国际组织发布的环境报告、卫星监测数据等，拓宽数据来源渠道。

在提案撰写方面，应增加政策法规解读课程，邀请相关专家为学生深入解读环保政策法规，帮助学生更好地理解政策导向和要求。同时，组织学生开展案例分析和讨论活动，通过分析优秀的环保提案案例，学习提案撰写的思路和方法，提高提案的可行性和创新性。在案例选取上，不仅要涵盖解决身边生态问题的成功案例，还须引入针对全球性生态问题的优秀提案，如应对全球气候变化的创新政策建议、保护海洋生物多样性的国际合作方案等，让学生学会从全球视角思考问题和提出解决方案。

在资源配置方面，应积极争取学校和社会的支持，加大对课程的投入。增加实地考察的次数和范围，让学生有更多机会深入了解不同类型的环境问题。除了对本地环境进行考察，还可组织学生参与线上国际环境考察项目，通过远程视频、虚拟现实等技术，了解全球不同地区的生态状况。同时，配备充足的实验设备和材料，为学生开展环境治理实验提供保障。此外，利用互联网资源，为学生提供更多关于全球性生态问题的学习资料和交流平台，拓宽学生的视野，如国际环保组织的官方网站、全球生态研究数据库等。

在课程拓展方面，应加强与其他学校和社会组织的合作。组织校际交流活动，让学生们分享各自的调研成果和提案经验，相互学习、共同进步。与环保组织、企业等合作，开展实践项目，让学生们参与到实际的环保工作中，提高学生的实践能力和社会责任感。可以开展国际校际合作项目，针对全球性生态问题共同开展调研和提案撰写，促进不同文化背景下学生的思想碰撞。与国际环保组织合作，参与全球生态保护行动，如参与海洋垃圾清理的国际联合行动，让学生在实践中深刻理解全球生态问题的紧迫性和复杂性。

在提案主题拓展上，应引导学生从关注身边生态问题，如校园垃圾分类、社区噪声污染等，逐步延伸至全球性生态问题，如全球气候变暖、生物多样性锐减、海洋塑料污染等。通过课堂讨论、专题讲座、小组研究等形式，学生深入了解这些全球性问题的成因、影响和应对策略。鼓励学生以全球视野为基础，结合所学知识，提出创新性的解决方案，形成具有国际影响力的环保提案。

通过不断反思和改进，我们相信“绿色律动”生态环保提案课程将能够更好地发挥作用，培养出更多具有环保意识和综合能力的优秀人才，为推动生态环保事业的发展做出更大的贡献。

第二节 “造物奇旅”：3D 打印助力生态问题解决

一、背景:3D 打印的生态应用与教育价值

自 20 世纪 80 年代起,3D 打印技术便已崭露头角。早期的 3D 打印技术被称为快速成型技术,其核心理念是根据数字模型将物体逐层打印出来,以实现快速制造原型。随着技术的不断革新与发展,3D 打印凭借其独特的优势,逐渐成为各大高校的热门专业,并在多个领域展现出巨大的应用潜力。

（一）3D 打印技术的基本原理及其发展历程

3D 打印,又称增材制造,是一种通过逐层堆积材料来构建三维物体的技术。与传统的减材制造(如切削、钻孔)或等材制造(如铸造、锻造)不同,3D 打印能够直接根据计算机模型将材料转化为所需形状,极大地提高了制造的灵活性和精度。

3D 打印的过程可以大致分为建模、切片、打印及打印后处理四个步骤。

建模:数字化的模型设计是进行 3D 打印的第一步。模型可以通过计算机中的三维建模软件进行辅助设计。市面上的建模软件种类丰富,各有侧重。常见的如 Blender,拥有众多高级的建模功能及庞大的社区,侧重于动画开发与渲染;Solidworks,功能强大且组件多样,侧重于机械等产品设计;Tinkercad,一个在线的 3D 建模软件,适合新手熟悉 3D 建模设计。此外,随着生成式人工智能的发展,学习者也可以利用如 ChatGPT 等软件,输入合适的指令,来生成自己想要的三维模型。

切片:当数字模型设计好后,需要将模型进行切片处理,将数字三维模型转换成 3D 打印机可以执行的指令文件。切片是将三维模型按照特定的要求,划分成一系列薄片。在打印的过程中,打印机会按照切片处理后的文件进行逐层打印。在切片的过程中,还可以通过设置不同参数,如层高、填充率、支撑结构、打印速度等,来确保打印的质量和成功率。

打印:得到切片文件后,就可以将文件导入到打印机中进行打印处理。打印机通过不同的打印技术来完成三维模型的实体化。不同的打印技术,应用的场景也有所差异。常见的技术有熔融沉积(FDM)、光固化(SLA)、选择性激光烧结(SLS)、粉末热熔(EBM)等。每种技术都有其独特的工作原理和流程。例

如，熔融沉积技术是通过加热打印耗材，通过打印头逐层堆积来构建物体，适合一些对精度要求不是特别高的简单模型制作；光固化技术是使用紫外线照射逐层固化光敏树脂来进行物体的构建，优点是表面质量好、精度高，但耗材成本相对较高。

打印后处理：打印结束后的模型需要进行一些后处理，如支撑的去除、表面的打磨、模型的修复，一些模型还需要进行上色处理。经过这一系列操作后，数字模型才能被构建成最终的实体打印模型。

1984 年，查克·赫尔（Chuck Hull）发明了熔融沉积建模技术，这一技术的出现标志着 3D 打印技术的正式诞生。此后，光固化立体成型、选择性激光烧结等 3D 打印技术相继问世。这些技术的不断创新和完善为 3D 打印的广泛应用奠定了坚实基础。

进入 21 世纪，3D 打印技术呈现出爆发式增长，不仅在原型制作领域大放异彩，还逐渐扩展到最终产品制造、个性化定制等多个领域。自熔融沉积建模技术的发明开始，3D 打印从实验室的快速原型工具，逐步演变为一场颠覆传统制造业的革命。其核心原理——通过逐层堆积材料构建三维物体——打破了传统减材制造的局限性，实现了“所想即所得”的制造自由。

3D 打印技术的发展经历了三个阶段。

萌芽期（1980—2000）：以熔融沉积、光固化、选择性激光烧结技术为代表，主要服务于工业原型制作；

成长期（2000—2015）：技术精度与材料多样性显著提升，应用领域扩展至医疗、航空航天；

爆发期（2015 年至今）：开源社区兴起，成本下降，3D 打印进入教育、环保、艺术等民生领域，成为推动可持续发展的关键技术之一。

（二）3D 打印的应用领域

随着 3D 打印技术的不断发展与多种技术的广泛应用，如今 3D 打印主要涉及的领域包括建筑行业、汽车制造、航空航天、游戏玩具手办、食品加工、影视道具、艺术制作、服装、医疗保健、创客教育等。

在建筑行业，3D 打印技术被用于制造建筑模块和构件，有效减少了施工时间和材料浪费。例如，有公司已成功利用 3D 打印技术建造出可居住的房屋和桥梁。

在航空航天领域，2014 年 9 月底，美国航空航天局（NASA）预计完成了首台成像望远镜的制造，其所有元件基本全部通过 3D 打印技术制造而成。美国航空航天局也因此成为首家尝试使用3D打印技术制造整台仪器的单位。

在医疗保健方面,2014年8月,北京大学研究团队成功地为一名12岁男孩植入了3D打印脊椎,这属全球首例。2022年,美国食品药品监督管理局(FDA)批准了全球首款3D打印人工心脏瓣膜,其个性化设计显著降低了患者的术后排斥反应。

在教育领域,非洲偏远地区学校通过开源3D打印机生产教具,成本降低了90%,有效缓解了教育资源匮乏状况。同时,越来越多的中小学创客教育、STEAM教育都将3D打印技术融入其中。此外,很多高等教育机构,如哈尔滨工业大学、西北工业大学等,都在近年来获批增材制造的本科专业。在环保领域,荷兰"海洋清洁计划"利用3D打印技术制造可降解塑料回收装置,每年从太平洋垃圾带中清理超过100吨塑料。

在生态应用领域,3D打印技术凭借高效、精准、低耗的特性,正在成为解决生态问题的"绿色引擎"。在生物多样性保护方面,科学家通过3D打印珊瑚礁基座,帮助澳大利亚大堡礁恢复受损生态系统。在污染治理方面,学生团队设计了3D打印微塑料过滤器,可安装于城市排水系统,拦截80%的微塑料流入海洋。在可持续建筑方面,迪拜2023年建成了全球首座全3D打印生态社区,建筑材料采用回收塑料和混凝土,碳排放降低了60%。在循环经济方面,企业利用废旧塑料瓶为原料生产3D打印线材,实现了"垃圾—产品—再生"的闭环。

（三）3D打印技术的创新理念

3D打印作为一种革命性的制造技术,自其诞生以来,就以其独特的创新理念引领着制造业的变革。其中蕴含着丰富的创新理念,具体如下。

个性化定制:3D打印技术使得实体产品能够区别于传统的工业生产方式,根据个人需求进行个性化定制,实现用户的所想即所得。这种个性化定制的能力不仅提升了用户体验,还为其在生产领域开辟了新的市场机会。从医疗植入物到定制化义肢,3D打印让"一人一物"成为可能。例如,运动品牌阿迪达斯(Adidas)推出的3D打印跑鞋中底,可根据用户足压数据动态调整支撑结构。

复杂结构实现:传统制造方法往往难以加工出复杂几何形状的结构,而3D打印技术则能轻松应对。它可以打印出具有内部通道、镂空结构、多材料组合等复杂特性的物体,这在航空航天、生物医学等领域具有重要意义。如美国航空航天局的詹姆斯·韦伯望远镜中,3D打印的蜂窝状支架重量仅为传统部件的1/3,却能在极端温度下保持稳定性。

高效材料利用:3D打印技术按需使用材料,减少了材料浪费。相比传统制造中的切削、铸造等工艺,3D打印能够更精确地控制材料的使用量,从而降低生产成本并减少环境影响。麻省理工学院开发的“活体材料”可通过3D打印形成具有自修复功能的建筑构件,为生态建筑提供了新思路。

快速原型制作:在设计和产品开发阶段,3D打印技术提供了快速原型制作的能力。学习者可以快速将创意转化为实体模型,进行功能测试和审美评估,从而加速产品迭代和优化过程。

跨学科融合:3D打印无疑是一门多学科融合的课程。在基础教育阶段,它融合了数学、物理、信息、通用技术等多门学科;在高等教育中,它不仅限于材料科学和机械工程领域,还与生物学、医学、电子工程等多个学科相结合,催生了新的研究方向和应用领域。例如,生物3D打印在组织工程和药物递送方面展现出巨大潜力。

可持续性发展:随着人们环保意识的增强,3D打印技术在实现可持续发展方面发挥着重要作用。通过回收再利用材料、开发环保材料以及优化打印过程以减少能耗和排放,3D打印为构建绿色经济提供了有力支持。例如,如今常用的3D打印耗材聚乳酸(PLA)就是由木薯等环境友好的材料制成,产品对环境污染小,同时也是一种生物可降解的耗材。

教育与创新激励:3D打印技术的普及也促进了教育领域的创新。学生可以通过亲手设计和打印物品来培养创新思维和实践能力,将自己的想法创意变为实体,极大地增强了学习体验感。此外,开源3D打印机和社区的发展进一步激发了公众对科技的兴趣和参与度。

二、主题设计:科技知识创新融合与问题解决

学校秉持特色发展理念,在期末考试结束后的一周开展学生的生态科技特色实践教育周。其中,3D打印课程不仅为学生提供了一个实践创新的平台,还根据学校特色开发了名为“造物奇旅”的3D打印跨学科实践课程。该课程以“科技向善”为核心理念,将3D打印技术嵌入生态问题解决的实践场景,构建了“发现问题—设计解决方案—迭代优化”的全流程学习框架。以下将详细介绍本课程中的课程设计、实施策略及评价方法。

(一)课程简述

该课程是一门融合了科学、技术、工程、艺术和数学的跨学科教育课程。通过将3D打印技术引入课堂,为学生提供了一个将创意转化为实体的实践平台。课程采用跨学科项目化的学习方式,内容涵盖3D建模软件学习、打印机操作、

材料科学基础等，旨在培养学生的空间思维、创新能力和真实问题解决技能。课程不仅为学生提供了一个直观理解抽象概念的工具，如几何形状、物理原理等，还着重培养了学生的设计思维、工程素养等新时代要求的核心素养。此外，课程鼓励学生进行跨学科学习，促进了知识的整合和应用。在中学阶段，它成为STEAM教育的重要工具，为中学生的相关素养发展提供了一种可操作的实施路径。

（二）课程助力问题解决

该课程在培养学生问题解决能力方面具有独特优势。它提供了一个从问题发现到解决方案（设计）实施的全过程体验。学生需要经历问题分析、方案设计、原型制作、测试改进、交流分享等多个环节，这种完整的流程有助于培养系统性思维。在实际应用中，3D打印课程已经帮助解决了众多实际问题。例如，在生态环境保护方面，学生利用3D打印技术制作微型水质监测装置，用于本地河流的生态监测；同时，还制作了甲醛检测装置，用于室内空气质量检测。这些案例不仅展示了3D打印技术的实用性，更体现了学生运用所学知识解决实际问题的能力。基于3D打印技术融合多学科知识进行设计实施，该课程培养学生问题解决能力的机制主要体现在以下几个方面。

迭代设计：鼓励学生进行迭代设计，通过不断试错和改进来优化解决方案。

团队合作：促进了团队合作，学生需要分工协作，共同攻克复杂问题。

批判性思维培养：培养了学生的批判性思维，要求他们评估不同方案的优劣，做出合理决策。

自信心增强：增强了学生的自信心，当他们看到自己的设计变成现实并解决实际问题时，会获得巨大的成就感，这种正向反馈激励他们继续探索和创新。

（三）课程对学生能力的培养

该课程对学生能力的培养是全方位的，涵盖了技术技能、创新思维、团队协作等多个方面。

技术技能：学生通过学习3D建模软件和打印机操作，掌握了数字化设计和制造的基本技能。这些技能不仅限于3D打印本身，还包括计算机辅助设计、材料科学基础等。

创新思维：创新思维的培养是3D打印课程的另一个重要目标。通过将创意转化为实体的过程，学生学会了如何将抽象想法具体化。课程鼓励学生进行发散思维，探索多种解决方案，并通过实践验证其可行性。这种创新思维的培养不仅限于产品设计，还包括问题解决方法的创新。

团队协作:团队协作能力的培养贯穿于3D打印课程的各个环节。在项目实践中,学生需要分工合作,有人负责设计,有人负责建模,有人负责打印和后处理,有人负责交流分享。这种协作过程培养了学生的沟通能力、责任意识和领导力。学生们需要协调各自的工作,确保最终产品的完整性和准确性。这种团队协作经验对学生未来的发展具有重要意义。

三、实施步骤:循序渐进的项目技术实践流程

3D打印课程的设计与实施须综合考虑教学目标、学生年龄、可用资源等多重因素。课程内容通常涵盖3D打印基础知识、建模软件学习、打印机操作项目实践等模块。在教学方法上,应注重实践性和互动性,本课程采用项目化学习方式,鼓励学生主动探索并解决问题。

在实施策略上,我们采取循序渐进的方式。初期安排一些简单的建模和打印任务,帮助学生熟悉基本操作。随着学生技能的提升,逐渐引入更复杂的项目,要求学生运用所学知识解决实际问题。课程评价方面,我们更注重过程性评价和项目成果评估,设置多个评估维度,如设计创新性、技术实现度、团队协作表现等。同时,鼓励学生进行自我评估和同伴评估,以培养他们的反思能力和批判性思维。

接下来,以本课程的具体项目实施为例,详细介绍项目化课程的相关方面。

(一) 项目导入

项目启动阶段,采用小组合作学习模式,每4名或5名学生组成一个项目小组。这种分组方式既保证了团队协作的可行性,又确保了每个成员的参与度。

教师首先须进行系统性的3D打印技术基础知识导入,这一环节至关重要,它为后续的项目实施奠定理论基础。导入内容包括以下几个方面。

1. 3D打印技术概述

3D打印的定义与基本原理、发展历程与现状、主流3D打印技术分类(如FDM、SLA、SLS等)及其特点,以及3D打印在各领域的应用案例。

2. 技术基础

3D打印材料特性与应用场景(如PLA、ABS、树脂等)、3D打印机的基本结构与工作原理、打印参数设置与优化技巧,以及常见问题排查与解决方法。

3. 建模基础

主流建模软件(如Tinkercad、Fusion 360、Blender等)、基础建模概念与操作、模型设计的基本原则,以及文件格式转换与优化方法。

在知识讲解过程中，教师应着重强调实践导向，采用“引导—探索—反馈”的教学模式。

项目任务确定环节，教师需要引导学生进行系统的问题探索与分析。这一阶段可分为以下几个步骤。

问题调研：组织校园环境实地考察，收集相关环境数据与资料，进行问题分类与整理。

问题分析：运用 SWOT 分析法评估问题，进行可行性分析，确定问题解决的价值与意义，预估项目难度与资源需求。

项目规划：制定明确的项目目标，设计项目实施方案，预估时间与资源投入，制订风险管理计划。

在此阶段，教师需要重点关注以下几点：指导学生将问题具体化、可操作化；把控项目难度与学生能力的匹配度；确保各小组选题的独特性和创新性；建立项目进度管理机制；提供必要的资源支持。

（二）项目实施

项目实施阶段建议采用专业的项目管理方法，确保项目有序推进。具体包括以下方面。

团队建设：明确团队成员角色与职责，建立团队协作机制，制定团队沟通规范，建立问题解决流程。

任务分解：宣传组，负责项目推广与视觉设计；建模组，进行 3D 模型设计与优化；文档组，整理项目资料与制作汇报材料；统筹组，协调进度与质量控制。

过程管理：制定详细的项目时间表，建立定期汇报机制，建立问题反馈与解决机制。

质量控制：跟踪各阶段的项目成果，确保质量符合预期标准。

（三）项目分享

成果展示环节是项目学习的重要输出阶段，应当注重展示的系统性与专业性。展示内容设计包括项目背景与问题、分析解决方案的创新点、技术实现路径、成果展示与效果评估、经验总结与反思。

展示技巧方面，采用“问题—方案—效果”的逻辑框架，运用可视化表达（如流程图、对比图、数据图表），结合实物模型进行动态演示，并控制展示时间（建议 8—10 分钟）。同时，准备问答环节的应对策略。

展示材料准备方面，需要制作专业的演示文稿、实物模型、项目宣传海报以及补充说明材料。

（四）项目优化

建立完善的优化机制是确保项目持续改进的关键。首先，须构建评价体系，具体包括：创新性（解决方案的独创性）、实用性（实际应用价值）、完成度（项目目标达成情况）、展示效果（汇报表达能力）、团队协作（团队合作效果）、学习收获（知识与技能提升）。

其次，要广泛收集优化建议，包括教师的专业建议、同学的互评意见等。在此基础上，进行优化实施，具体步骤包括：对方案可行性进行再评估、优化技术实现路径、完善展示材料、建立持续改进机制、制订优化实施计划。

此外，还应注重成果转化，优秀的作品可以参加相关创新类大赛，甚至申请专利，以进一步提升项目的价值。

通过以上系统化的项目实施流程，不仅能够培养学生的科技创新能力，更能全面提升其项目管理、团队协作、问题解决等综合素质。这种基于项目的学习方式，将理论知识与实践应用紧密结合，有助于培养学生的创新思维和实践能力，从而实现 STEM 教育的育人目标。同时，通过完整的项目周期管理，学生可以亲身体验真实的产品开发流程，为未来的职业发展奠定坚实基础。

在项目实施过程中，建议建立以下支持机制：建立导师指导制度，为学生提供专业指导；提供必要的设备与材料支持，确保项目顺利进行；建立跨组交流平台，促进学生之间的交流与合作；建立项目档案管理系统，对项目资料进行规范化管理。

通过这样的系统化设计与实施，可以确保项目学习的有效性，最大程度地发挥项目式学习的教育价值，培养出具有创新精神和实践能力的复合型人才。

现介绍学生在实践过程中的具体实施项目：仿生海洋垃圾处理装置模型设计。

入项阶段，本组学生在了解项目方向后，结合自身的独特区位因素，在网络上进行相关资料搜索。通过搜索，他们了解到近年来海洋垃圾问题日趋严重，全球每年约有 800 万吨至 1200 万吨塑料垃圾流入海洋。海洋垃圾的来源主要包括陆地活动和海洋活动，其对生态环境的危害不容忽视，如微塑料污染、珊瑚礁死亡、海洋生物误食和缠绕等。同时，海洋垃圾也对人类经济产生了影响，如因海洋垃圾造成的旅游业、渔业等产业的亏损。并且，随着大气、水的循环，海洋中的微塑料还对人体健康构成了威胁。目前，常用的垃圾回收办法有海面垃圾回收，即工作人员驾驶作业船对漂浮在海面上的垃圾进行人工回收处理。但这种处理办法耗费人力物力，且对海洋里的垃圾回收效果甚微。基于此，小组同学将这一问题作为自己的项目主题,进行了海洋垃圾模型创意设计。

1. 项目实施

小组学生在确定好要解决的问题后便开始着手进行具体的实施。5人小组分工明确:一人负责项目主题宣传海报的绘制,两人负责3D模型的设计与打印,另两人负责项目主题的演示文档介绍与交流分享。组内成员彼此合作,共同推进项目的进展。

项目主题的海报绘制虽看似与本项目主题直接相关性不大,但因其不需要太多专业的建模知识,能够让学生快速上手,融入项目实施过程中,从而增加学生在项目实施过程中的积极性。一张精美的项目海报可以在分享交流时迅速吸引听众的眼球,令人眼前一亮。海报的设计过程也是对学生排版设计及审美能力的培养。学生通过将项目主题与3D打印技术相融合,达到了海报中介绍的动态平衡,展现了生态与科技之间的融合。

模型制作是项目实施过程中的重点工作。学生通过前期教师对3D打印相关知识的介绍,了解了3D打印的基础知识与建模软件中的简单操作,但对于实现自己的模型还远远不够。该小组同学通过网络搜索相关3D打印操作的视频资料,参考3D打印社区中的模型,逐步在项目实施过程中学习相关专业的建模知识。这种任务驱动型的学习方法,对学生而言,其受益程度远比在开始前就接受大量专业知识的灌输更有效率。学生组内进行头脑风暴,结合资料参考,设计出一款基于章鱼仿生学的海洋垃圾采集器模型。其原理是通过模拟章鱼的多触手进行海洋中的垃圾捕捉,并将捕捉到的垃圾存储在章鱼模型的身体之中,模拟生物的特性对海洋中的垃圾进行捕捉处理。

2. 项目交流分享

小组代表上台对海洋垃圾采集器的项目进行详细介绍。学生首先围绕海洋垃圾的来源、造成的危害及现存的处理办法进行项目前期调研的简要介绍,然后围绕自己小组设计的海洋垃圾处理器进行详细讲解,重点介绍了灵感来源、工作原理及制作过程中遇到的困难与收获。在小组学生分享时,其他小组学生认真听讲、积极学习,并提出问题进行交流。

3. 项目优化

学生项目的优化也是整个项目实施过程中不可或缺的一部分。学生通过评价及后续实践中发现的问题来完善自己的创意设计。在工程设计中,一个经得住考验的产品并不是一蹴而就的,而是经过多次的版本迭代而逐步完善的。在此次项目实践中,学生的产品也可以在之后逐步完善迭代,以实现最终效果。

该小组学生分享交流章鱼仿生海洋垃圾收集器模型后,有其他小组学生提出:可以将章鱼的足设计成多关节可活动类型,以便在真实环境下更加灵活地采集垃圾,尽管这在模型制作和后续打印环节对当前课程中的学生可能存在一定挑战,但网络中有丰富的相关资源,建议该小组学生可以进行模仿学习。该小组学生在后续项目优化中参照这一建议,对本组作品进行了适当优化。此外,该小组学生还根据模拟实际环境,对该设计中的章鱼腹腔(垃圾存储器)进行了适当调整,并考虑后续与电子硬件进行结合,以更加真实地模拟采集效果。

尽管该设计只是模型,但学生天马行空的想象力与创意是值得教师发现与鼓励的。在项目实践过程中,学生会有各种各样的想法设计,教师可以在鼓励学生想法的同时适当提醒学生注意设计的实践性和可操作性。

四、成效亮点:技术素养与生态创新能力的突破

(一)学生能力达成

1. 专业知识与学习能力的全面提升

3D 打印课程通过系统化的实践教学,构建了"理论—实践—创新"三位一体的能力培养框架,显著提升了学生的专业技术素养与自主学习能力。

3D 建模能力的进阶培养:学生从基础建模工具入手,逐步掌握复杂三维模型的构建技巧。例如,在"建筑结构设计"项目中,学生须结合力学原理优化模型支撑结构,通过参数化设计实现轻量化与高强度的平衡。在此过程中,学生不仅熟练运用布尔运算、曲面建模等高级功能,还能独立解决模型拓扑错误、网格修复等技术问题,实现了从"模仿"到"创造"的能力跃迁。

学习能力的多维拓展:课程采用"问题驱动式学习"(PBL)模式,鼓励学生通过自主检索资料、分析案例、迭代优化方案来完成项目。例如,在"仿生机械臂"设计中,学生须查阅生物运动学文献,结合开源代码调整关节参数,最终实现抓取功能的精准控制。这种"做中学"的方式培养了学生跨学科整合信息的能力,并为其终身学习奠定了方法论基础。

打印机操作技能的精细化掌握:学生通过实操熟悉主流打印技术的差异,掌握切片软件(如 Cura)的参数调优技巧。例如,在打印高精度齿轮组件时,学生需要根据材料特性(如 PLA 的收缩率、树脂的固化时间)调整层厚、填充密度及支撑结构,以避免翘曲或塌陷问题。此外,学生还学习了如何通过红外校准、喷嘴清理等维护操作保障设备稳定性,形成了全流程技术把控能力。

2. 创新思维与问题解决能力的系统性塑造

3D 打印技术因其"快速原型"特性,成为激发学生创新潜能的理想载体。

创新设计的实践路径:课程设置“自由创作”环节,鼓励学生突破模板限制,完成个性化作品。例如,某学生团队以“可持续设计”为主题,利用可降解材料打印模块化花盆,通过榫卯结构实现自由拼接,既解决了传统花盆易碎的问题,又融入了环保理念。此类项目促使学生从“技术执行者”转变为“创意主导者”,形成了“设计思维—原型验证—用户反馈”的闭环创新能力。

复杂问题的解决策略:在打印过程中,学生需要直面技术瓶颈并探索解决方案。例如,某次打印中因支撑结构不足导致模型坍塌,学生通过调整模型倾斜角度、增加网格密度,并结合分析软件模拟应力分布,最终实现了结构优化。此类经验使学生掌握了“问题定义—假设验证—迭代改进”的科学方法论,为其应对未来工程挑战积累了实战经验。

3. 团队合作与沟通能力的深度锤炼

3D 打印项目常以小组形式开展,模拟真实职场协作场景,全面提升学生的社会化技能。

分工协作的效能优化:在项目中,团队须分工完成建模、海报、演示文稿、功能测试等任务。例如,建模组负责外观设计,文案组撰写技术文档并制作演示视频。通过角色轮换与进度汇报,学生不仅深化了专业技能,还学会了在多元视角下统筹资源、平衡效率与质量。

沟通协调的实战演练:项目推进中,矛盾与分歧不可避免。例如,在“校园景观沙盘”设计中,成员因风格取向产生争执,最终通过头脑风暴达成了共识——以“未来生态”为主题,融合传统园林布局与智能灌溉系统。此类实践使学生理解了“倾听—协商—共识”的沟通逻辑,并掌握了项目管理工具(如甘特图、Scrum 看板)的使用技巧。

(二)知识融合

1. 跨学科知识的有机融合

3D 打印技术天然具备多学科交叉属性,课程通过项目式学习打破学科壁垒,构建综合知识网络。

数学与几何的底层支撑:在建模阶段,学生需要运用空间解析几何计算模型尺寸,如通过向量运算确定曲面法线方向,或利用拓扑学原理优化网格结构。此外,统计学知识被应用于打印成功率分析,如通过回归模型预测不同参数组合下的成品质量。

物理与材料科学的深度关联:学生须理解材料特性对成品性能的影响。例如,在打印支架时,通过比较不同材料的强度,进行实践操作选择。

艺术与设计的审美升华:课程引入“技术美学”理念,要求作品兼具功能性与艺术性。在海报制作过程中,学生须具备一定的审美能力;同时,3D 打印不仅仅是技术活,还需要艺术设计能力,学生需要同时考虑模型的美观性和实用性,进行创意设计。

2. 理论与实践的结合

课程构建“理论指导实践—实践反哺理论”的动态学习生态,实现知识的内化与外显。3D 打印课堂将理论知识与实践操作紧密结合,使学生能够在实际操作中理解和应用理论知识。这种理论与实践相结合的学习方式不仅加深了学生对知识的理解,还提高了他们的动手能力。

理论知识的应用:学生在课堂上学习的理论知识,如三维建模原理、打印材料特性等,可以在实际操作中得到应用和验证。

实践操作的反馈:通过实际操作,学生可以发现理论知识的不足之处,从而进一步加深对知识的理解。

3. 创新与传统的融合

课程以 3D 打印为纽带,搭建传统工艺与现代技术的对话平台,培养学生“守正创新”的工程伦理观。3D 打印技术作为一种新兴技术,与传统制造技术有着显著的不同。3D 打印课堂通过将创新技术与传统工艺相结合,使学生能够在创新中继承传统,在传统中寻求突破。

创新技术的应用:3D 打印技术可以实现传统工艺难以实现的复杂结构和个性化设计,学生可以通过 3D 打印技术探索新的设计和制造方法。

传统工艺的传承:在 3D 打印过程中,学生可以借鉴传统工艺的经验,如木工、金属加工等,将传统工艺的精髓融入 3D 打印设计中。

五、深度思考:效率质量升级与评价体系完善

本课程采用项目化的学习方式,学生通过跨学科的多重知识整合,经历项目的入项、实施、出项三个过程,在项目实践中培育相关素养能力。然而,在课程的实施过程中也存在一些问题与不足之处。

(一)课程实施效率有待提高

本系列课程是我校在学生生态科技文明素养培育中的特色课程,于学生假期开始前一周进行 3 天或 4 天的集中授课。客观上,授课时间短,留给教师发挥的空间有限,这对教师课程目标的把握、课程实施环节的掌控等提出了较高要求。在以往的课程实施过程中,教师通过讲解 3D 打印基础知识,引导学生自

主问题探究、确定项目主题,进行项目实施、分享交流及后续优化。然而,在这些环节的实施过程中存在实施效率偏低、时间利用率不足的问题。

例如,在前期基础知识介绍时,由于学生对3D打印知识的掌握程度参差不齐,教师不自觉地想要多介绍一些建模软件操作知识。但这类技能性知识远非几节课甚至几天就能掌握的,过多的讲解反而消磨了学生的理解力和后续项目实施的热情,降低了课程实施效率。

又如,学生在前期确定项目所要解决的问题时,小组内进行交流,对某一关注的环境问题进行研究,这一环节往往花费时间较长,原因有二:一是学生平时对身边环境问题的关注程度较低,难以发现其中存在的问题;二是学生使用建模软件的熟练度不一,部分学生建模能力相对较弱,难以将3D打印技术运用到日常生活问题的解决中。此外,尽管如今的学生被称为"数字时代的原住民",但很多学生在利用网络资源搜索资料时效率低下,无法准确获取所需资料。近几年新兴的生成式人工智能技术不断涌现,学生在使用过程中也存在因关键问题导致回答偏差的情况。

另外,小组之间讨论效率偏低。学生分小组进行活动,如果没有一位合格的组长,往往会导致组内学生讨论问题不一,感兴趣的问题有所差异。在具体实施过程中,任务分配不当导致的实施效率低下等问题也时有发生。

(二) 课程产出质量有待提升

课程在实施过程中要求学生小组完成的基础成果包括:一份海报、一个建模模型、一份演示文档。学生在3天或4天的实践学习体验中通过小组合作的形式完成项目任务,但在最后收集学生成果时会发现部分小组成果存在以下问题。

1. 海报绘制形式不够规范

例如,一些小组提交的海报中没有署名,缺少项目主题等基础信息;也有小组的海报过于突出环境问题,缺少3D打印技术等解决问题的科技元素,未能将二者有机融合以突出项目主题。

2. 模型制作中存在问题

小组之间负责建模的学生能力存在差异。部分学生可能基础薄弱,无法制作出能够较好满足前期组内讨论的模型创意;还有部分学生前期组内设计的创意模型难度较大,在实际动手创作过程中发现较难实现,制作时间不足,导致最后的3D模型存在不足。

3. 汇报交流中存在问题

小组同学在制作演示文档时也存在一些小问题,如所选模板过于单一或与主题契合度较低;介绍时会有所遗漏,缺少对问题来源、问题危害的清晰介绍;自己创意设计的优势未能清晰呈现。上台进行汇报的学生可能对演示文档不够熟悉,在讲解小组创意设计时清晰度和流畅度有待提高。

此外,本课程的最后产出成果也有所局限。学生们利用3D打印技术来解决生活中的环境问题,部分学生选择的是模型设计,导致后续无法验证产品创意是否能够达到实际预期效果。这也是后续需要改进的地方——要让学生的创意设计真正落地,而不仅仅停留在模型之中。此外,模型创意的最后归宿也容易不了了之。

(三)课程评价形式有待丰富

本课程在学生汇报结束后会由小组成员、其他组及教师进行打分评价,作为该小组在本次项目实践活动中的主要评价依据。在项目实施过程中,教师也会通过观察各小组在特定时间段内的具体表现,给予实时评价。然而,目前学生最终成果表现占比较大,评价方式缺乏多元性,受教师主观因素影响较大,对学生在项目实践过程中的过程性评价偏少。在最终展示环节,评价标准较为一致,缺乏个性化考量。鉴于每个学生的项目小组不同,最终评价标准也应有所差异。

课程内容的完善与优化可以从以下几方面入手。

1. 有关课程效率提高方面,可以采取以下措施

优化课程时间分配:学生在项目实践过程中可以制定详细的时间计划表,以提高在整个项目周期中的时间利用率。

工具选择优化:选择简单易上手的建模工具,如3Done等软件,以降低学生在专业软件上的操作难度。简洁的操作界面可以让学生在建模过程中减少因专业操作带来的困扰,提升制作模型的效率。同时,介绍和演示生成式人工智能的使用也可以为学生提供解决问题的新颖角度,模型社区的参考也可以启发学生的建模思路,从而提升课堂效率。

分组优化:教师可以通过学生个性来进行适当分组,如避免将具有较强领导力和自主意识的学生分到同一小组,以降低组内产生分歧的可能性;将具有良好建模基础的同学分散分配到不同小组中,帮助组内学生更好地解决建模动手实践问题。

2. 有关课程产出质量提高方面,可参考以下措施

明确课程任务标准:在学生进行项目前,先规定好每一项作品(海报、3D模型、演示文档等)的格式和内容规范。教师也可以提供示例,帮助学生理解作品

应达到的标准。同时,在项目实施过程中多观察学生的项目推进程度,确保学生在相应的时间节点内可以完成对应工作。

加强指导与支持:课程实施中至少配备两名教师,一名作为主讲教师,另一名作为课程助教提供实时指导,帮助学生解决技术难题或设计问题。

优化分组协作:确保小组成员分工明确,避免任务分配不均。可以设置角色(如项目负责人、设计师、建模师等),让每个学生都有明确的职责。同时,为学生提供必要的工具、软件和参考资料(如建模工具、设计软件、文献资源等)。

鼓励学生创新与实践:鼓励学生在海报绘制和模型构思中大胆融入创新元素,多关注和使用前沿技术手段,不拘泥于传统课堂范式,不仅仅局限于任务的完成。同时,也应强调课堂中的实践体验,让学生在课堂中多思考、多动手创造属于自己的模型。

3. 课程评价手段可以更丰富

多元化评价方式:采用过程性评价、组间互评、自评等多种方式相结合。不仅关注最终结果产出,还要评价学生在课程中的参与度、组内同学间的协作能力和问题解决能力。组间互评可以让学生对其他小组的产出进行评价,相互交流、促进学习。自评可以让学生对自己的项目实践过程和成果进行自我反思,提升自主学习能力。

分项评价:学生的成果包括海报、3D 模型、汇报展示等,不同的成果应采用多种评价方式进行分项、分侧重点的评价。制定每种成果的评价细则及分层次的分数设置,以使学生的评价更加真实有效。

激励性评价:教师可以在课程实施过程中针对学生的成果采用一些激励性的评价。例如,可以对课程中学生的海报进行评选,选出"最具特色奖",对学生的 3D 模型创意设计进行评选,选出"最具创意奖"等。诸如此类的奖项设置可以激发学生在项目实践中的热情。

第三节 "风中的魔法":海上风电课程实践探索

一、背景:海洋资源的重要性

在人类历史的长河中,海洋始终扮演着举足轻重的角色。从早期的航海贸易,到如今的资源开发与战略布局,海洋对于人类发展的重要性日益凸显。

（一）海洋的经济价值

海洋是一座巨大的资源宝库，其中矿产资源尤为丰富。以石油和天然气为例，据国际能源署（IEA）数据显示，全球海洋石油储量约占全球总储量的 34%，而海洋天然气储量占比更是高达 40% 以上。中东地区的波斯湾及北美洲的墨西哥湾均是世界著名的海洋油气产区，这些区域的油气资源支撑着全球众多国家的能源需求，是世界经济运行的重要动力来源。此外，海洋中还富含钴、镍、锰等各类稀有金属，这些金属在电子、新能源等高端产业中发挥着不可或缺的作用。随着陆地稀有金属资源的逐渐枯竭，海洋矿产资源的开发价值愈发显著。

海洋的空间资源同样为经济发展提供了广阔天地。渔业作为传统的海洋产业，每年为全球提供大量的蛋白质来源。据联合国粮食及农业组织（FAO）统计，2023 年全球海洋渔业产量达到 1.2 亿吨，渔业经济总产值超过 3000 亿美元，不仅满足了人们的饮食需求，还带动了相关加工、运输等产业的发展。航运业更是国际贸易的生命线，全球 90% 以上的货物运输通过海运完成。中国的上海港、新加坡港等国际知名大港，每年货物吞吐量数以亿吨计，连接着全球各大洲的经济贸易，促进了全球资源的优化配置和经济的互联互通。

（二）海洋的生态价值

海洋作为地球上最大的生态系统之一，对维持全球生态平衡起着不可替代的作用。海洋中的浮游植物通过光合作用每年吸收约 30 亿吨的二氧化碳，占全球二氧化碳固定量的 40% 左右，是陆地植物的两倍之多，有效缓解了全球温室效应。同时，海洋生态系统还为众多生物提供了栖息和繁衍的场所。从微小的浮游生物到庞大的鲸鱼，海洋生物种类繁多，构成了复杂而精妙的生态链。例如，珊瑚礁生态系统虽然只占海洋面积的 0.1%，却栖息着约 25% 的海洋生物，是海洋生物多样性的重要代表。然而，近年来，由于气候变化、海洋污染等因素，海洋生态系统面临着严峻挑战，如珊瑚礁白化现象日益严重，许多海洋生物的生存受到威胁，这也进一步凸显了保护海洋生态的紧迫性和重要性。

（三）海洋资源开发与可持续发展

随着陆地资源的日益减少，开发和利用海洋资源已成为人类实现可持续发展的必然选择。在全球资源竞争日益激烈的背景下，各国纷纷加大对海洋资源的开发力度，制定相关的海洋发展战略。中国提出的“海洋强国”战略，旨在提升海洋经济发展水平，加强海洋科技创新能力，维护海洋权益，实现海洋资源的可持续利用。通过一系列政策措施，如建设海洋经济示范区、推动海洋产业升级等，中国海洋经济取得了长足发展。2024 年，中国海洋产业生产总值达到 9.4 万亿元，占国内生产总值的比重达到 8.5%，海洋经济在国民经济中的地位不断提升。同时，在开发海洋资源的过程中，注重生态环境保护，实现经济发展与生态保护的良性互动，是实现可持续发展的关键所在。

二、主题设计：风电选址规划与工程素养培育

在当今全球积极探寻新能源的大背景下，海上风电作为一种重要的可再生能源，越来越受到社会各界的广泛关注。“风中的魔法”旨在引领学生深入海上风电的广阔天地，探寻那些矗立于海中的“大风车”如何安家落户并高效运转，进而使大家洞悉未来能源领域的诸多重要知识。

（一）课程目标

1. 知识目标

海上风电行业大揭秘：了解海上风电行业从初步尝试到现今大规模建设的发展历程。洞悉每个发展阶段出现的重要技术进步及具有代表性的项目。例如，欧洲诸国（如英国、丹麦）早在多年前便着手发展海上风电，积累了丰富的经验。他们在政策支持与技术创新方面的举措值得我们学习与借鉴。而中国近年来在海上风电领域的发展势头迅猛，在大规模建设与降低成本方面取得了显著成效。下文我们将深入探讨中国海上风电发展的独特路径及背后的政策支持。

选址考究：海上风电项目的选址涉及众多学科知识。在气象方面，学生须了解风速、风向、风切变等因素对选址的影响，同时掌握台风、暴雨等极端天气的规律及其可能对风电场造成的破坏。在台风频发的区域，需要学会分析气象数据，选取安全地点建设风电场，并设计能够抵御台风侵袭的风机及其基础结构。在海洋学方面，海流速度、方向以及潮汐变化均会影响风机的稳定性、输电线路的铺设以及后续的维护工作。在海流速度较大的区域，需要设计特殊的基础结构与固定方法；在潮汐变化显著的区域，输电线路的埋设深度与运维设施的建设高度均需要精心规划。在地质学方面，不同的海底地形，如软土层、岩石层、断层等，会影响风机基础的选择与施工难度。若海底为软土层，则需要采取加固措施，如使用桩基础，以确保风机基础的稳固性。

规划布局：掌握海上风电项目规划的核心内容。在风机布局设计方面，须明白风机之间的间距与排列方式如何优化，以充分利用风能并兼顾环境保护与

后续维修的便利性。通过专业软件模拟不同的布局方案,分析风能捕获效果与尾流影响范围,从而选出最优方案。在输电线路铺设规划方面,需要了解交流输电与直流输电的各自特点及其适用场景,同时考虑线路规划时需要避开海底复杂地形、海流较大的区域及渔业养殖区。对于离陆地较近的小型风电场,交流输电可能更为经济;而对于离陆地较远的大型风电场,直流输电则能减少能量损耗。在海上运维设施设置方面,需要知晓运维基地的选址原则,考虑交通便捷性、离风电场的距离及周边配套设施的完善程度;同时,还需要根据风电场的大小、离陆地的远近及运维任务的需求,选择合适的运维船只。

2. 素养目标

培养创新思维:鼓励同学们在项目中勇于尝试新技术、新方法。在海上风电选址时,可尝试运用人工智能与大数据分析气象、海洋、地质等数据,以提高选址的准确性与效率。在项目规划时,可创新风机布局与输电线路铺设方案,降低成本并提高风能利用效率。同时,需要密切关注国际上的最新研究成果,拓宽创新思路。

树立可持续发展理念:深刻理解可持续发展的重要性,并在项目规划时充分考虑生态保护。了解海上风电项目对海洋生态的影响,如海洋生物栖息地、迁徙路线、渔业资源等。掌握生态保护措施,如设立海洋生物保护区、采用环保的施工技术与材料、优化风机布局以减少对鸟类迁徙的干扰等。培养将生态保护与项目经济效益相结合的意识,实现海上风电项目的可持续发展。

增强行业责任感:增强对海上风电行业的责任感,密切关注行业动态。了解最新的政策法规、技术趋势及市场需求。培养对行业发展的敏锐洞察力,不断提升自身的专业素养,为海上风电行业的蓬勃发展贡献自己的力量。

（二）教学内容

1. 海上风电行业基础

重要地位与作用:分析当前全球的能源使用状况及未来的发展趋势,阐述海上风电作为可再生能源的重要地位及其所发挥的关键作用。通过翔实的数据对比,展示海上风电在减少碳排放、缓解能源危机方面的显著成效。同时,介绍全球海上风电装机容量的增长轨迹,以及在电力供应中所占比例的变化情况。

发展历程回顾:系统梳理海上风电从早期的试验项目到如今商业化大规模发展的全过程,详细讲述每个阶段的关键技术突破和典型项目。例如,世界首个海上风电场——丹麦的文德比(Vindeby)海上风电场,课程将深入剖析其建设背景、技术特点,以及对全球海上风电发展的示范意义。此外,还将分析不同国家和地区在海上风电发展中所提供的政策支持和产业布局,总结其成功经验与失败教训。

发展现状了解:了解当前国内外海上风电的发展规模、技术水平及项目分布情况。通过对比不同国家和地区的发展模式,如欧洲的分散式与中国的规模化发展模式,分析各国在技术研发、设备制造、工程建设、运营管理等方面的优势与不足。同时,将详细介绍中国在海上风电设备制造国产化进程中的进展,以及工程建设中的高效施工技术和管理经验。

未来趋势探讨:探讨海上风电未来的技术发展方向,包括更大单机容量风机的研发、浮式基础技术的应用,以及海上风电与其他能源的融合发展等。同时,将分析海上风电产业政策的走向,以及市场需求变化对行业的影响。此外,还将研究海上风电与储能技术的融合、对电力系统稳定性和可靠性的提升作用,以及相关政策对这种融合模式的支持力度。

2. 选址关键要素解析

(1) 气象条件对选址的影响

风能资源评估:详细讲解风速、风向等气象参数的测量方法和数据分析技巧,介绍风能资源评估的标准和方法。通过实际案例分析,学生学会如何利用长期气象数据评估和预测风能资源。以某一特定海域的气象数据为例,运用专业软件分析风能资源,绘制风能资源分布图,从而找出风能丰富区域和可开发潜力。

极端气象应对策略:深入剖析台风、飓风、暴雨、雷电等极端气象事件对海上风电场的影响机制,介绍相应的应对策略和技术措施。如在台风多发地区,如何通过优化风机设计、加强基础结构、安装气象监测预警系统等措施,提高风电场的抗台风能力。同时,组织学生讨论极端气象事件对海上风电场的风险评估方法和应急预案的制定。

(2) 海流状况与海底地形在选址中的关键作用

海流对项目的影响:介绍海流速度、方向、潮汐变化对风机基础稳定性、输电线路铺设和运维工作的影响。通过实际案例,分析不同海流条件下的项目设计要点。例如,在海流速度大的区域,如何设计特殊基础结构和固定方式以抵抗冲刷力;在潮汐变化大的海域,如何规划输电线路的埋深和运维设施的建设高度。

海底地形与地质条件分析:了解不同海底地形(如浅海、深海、海底峡谷、海山）及地质条件（如软土层、岩石层、断层）对风机基础选型和施工难度的影响。介绍海底地形和地质勘测的方法和技术，以及如何根据勘测结果进行选址和设计。通过实际勘测案例，学生了解如何运用多波束测深仪、侧扫声呐、地质钻探等技术获取海底信息，进而选择合适的风机基础类型和施工方法。

3. 项目规划核心要点

（1）风机布局设计

风机间距优化原则：了解风机间距对风能利用效率、尾流影响及项目成本的影响，介绍相关的优化方法和计算模型。通过风能模拟软件的演示，学生能够直观地感受到不同风机间距下的尾流效应和功率输出情况。

阵列布局优化方法：介绍常见的风机阵列布局方式，包括平行布局、交错布局和圆形布局，分析各种布局的优缺点及适用场景。通过实际项目案例分析，学生学会根据风向、地形、海洋环境等因素选择合适的布局方式。例如，在风向单一的海域，平行布局可能更为合适；而在风向多变的海域，交错布局则更能适应风向变化，提高风能捕获效率。

（2）输电线路铺设规划

输电方式选择依据：了解交流输电和直流输电的技术原理、特点及适用场景，分析不同输电方式在成本、效率和稳定性方面的差异。通过实际项目案例，学生了解如何根据风电场的规模、距离陆地的远近、电力需求等因素选择合适的输电方式。例如，离陆地近、规模小的风电场，交流输电可能更为经济；而离陆地远、规模大的风电场，则直流输电在能量损耗和输电稳定性方面更具优势。

线路路径规划考虑因素：介绍输电线路路径规划需要考虑的因素，包括海底地形、海流、渔业养殖区域和海洋保护区等。通过实际项目案例分析，学生学会运用地理信息系统（GIS）技术进行线路路径的规划和优化。例如，在规划过程中，如何利用 GIS 软件分析海底地形数据，避开障碍物和复杂地形；同时考虑海流的影响，选择海流平缓的区域进行线路铺设。

（3）海上运维设施设置

运维基地选址：讲解运维基地选址的关键因素，包括交通便利性、离风电场的距离以及周边配套设施等。通过实际项目案例分析，学生了解如何综合考虑这些因素选择合适的运维基地位置。在选择运维基地时，需要考虑运维船只进出的方便性、与风电场的交通时间，以及周边物资供应和维修设施的充足程度。

运维船类型选择与配置：介绍常见的运维船类型，包括交通艇、运维母船、自升式平台等，分析它们的特点和适用场景。根据风电场的规模、离陆地的远近以及运维任务的需求,讲解如何合理配置运维船的数量和类型。例如,离陆地近、规模小的风电场,交通艇可能是主要的运维工具;离陆地远、规模大的风电场,则需要配备运维母船、自升式平台等大型运维设备。

4. 前沿技术与案例分析

(1) 海上风电与储能、智能电网等融合的前沿技术

海上风电与储能技术融合:介绍海上风电与储能技术融合的原理和优势,如提高电力供应的稳定性和可靠性、减少弃风现象等。讲解常见的储能技术,包括锂电池储能、抽水蓄能和压缩空气储能在海上风电中的应用前景和技术挑战。通过分析锂电池储能在海上风电场的应用案例,探讨其在平滑功率输出、应对突发电力需求方面的作用。

海上风电与智能电网融合:了解海上风电接入智能电网的技术要求和实现方式,如智能电网的通信技术、控制技术和能量管理系统在海上风电中的应用。分析海上风电与智能电网融合对电力系统优化调度、能源综合利用的意义。介绍智能电网如何实时监测和控制海上风电场的发电情况,实现电力的优化分配和高效利用。

(2) 国内外典型海上风电项目案例分析

项目背景与目标:选取国内外具有代表性的海上风电项目,介绍其建设背景、目标和预期效益。以英国的霍恩西二号(Hornsea Project 2)海上风电场为例,分析其建设的能源需求背景、对英国能源结构调整的目标及预期的经济效益和环境效益。

选址决策过程:分析项目选址的依据和决策过程,包括对气象条件、海流状况、海底地形和生态环境等因素的综合考虑。以霍恩西二号海上风电场为例,讲解其在选址时如何通过精确评估风能资源、详细勘测海底地质、考虑海洋生态保护要求等因素,确定最终的选址方案。

规划方案设计:剖析项目的风机布局、输电线路铺设、运维设施设置等规划方案的设计思路和技术要点。以霍恩西二号海上风电场为例,分析其风机布局如何优化风能利用效率、输电线路如何选择合适的输电方式和路径、运维设施如何合理配置以保证项目的高效运行。

实施效果评估:介绍项目的实施过程和实际运行效果,分析建设和运营中遇到的问题及解决方法。以霍恩西二号海上风电场为例,分享其在建设中的技术难题和施工挑战,以及如何通过技术创新和工程管理解决问题;评估项目的实际发电量、经济效益、环境效益等指标,总结其成功经验和不足之处。

（三）教学方法

1. 项目式学习

项目任务设定：设定一个真实的海上风电项目场景，将学生分成若干小组，每个小组需要完成一个完整的海上风电项目选址与规划任务。从项目前期调研入手，学生需要收集目标海域的气象、海洋、地质等相关数据，并进行整理分析。

选址方案评估：在选址阶段，各小组需要根据数据分析结果，结合所学知识，找出多个潜在选址方案，并进行详细评估比较。利用风能模拟软件分析不同选址方案下的风能资源分布状况，同时依据地质勘测数据评估不同方案的基础建设难度和成本。

规划方案制定：进入规划阶段，各小组需要进行风机布局设计、输电线路铺设规划及运维设施设置。每个小组需要制订详细的项目规划方案，包括绘制风机布局图、输电线路路径图、运维设施设计图，并撰写项目规划报告，阐述设计思路、技术依据及实施计划。

项目进度汇报：在项目实施过程中，各小组需要进行项目进度汇报，展示成果，并分享遇到的问题及解决办法。通过项目式学习，培养大家的团队协作、问题解决和项目管理能力。

2. 案例研讨

案例材料准备：收集众多国内外海上风电项目案例，既包括成功的案例，也包括失败的案例。在课堂上，组织学生进行深入研讨。先让学生自行阅读案例材料，了解基本情况。

小组讨论分析：分组进行讨论，每个小组围绕案例中的技术方案、决策过程、遇到的问题及解决方法进行深入分析。每个小组推选代表发言，分享讨论结果，其他小组可提问补充。通过案例研讨，从实际项目中吸取经验教训，加深对知识的理解和应用。

3. 实践操作教学

实验模拟操作：在实验室搭建一个海上风电项目模拟实验平台，供学生动手操作。利用小型风机模型，模拟不同风速、风向条件下的发电情况，学生能亲身体验风机运行原理和性能特点。

三、实施步骤："模拟—规划—创新"工程实施路径

在"风中的魔法"这门高中课程中，若要让学生深入理解海上风电项目的选

址和规划,就必须遵循科学且有条理的步骤。从学生的分组合作到实际动手操作,再到技术的运用,每一个环节都紧密相连,共同助力大家达成课程目标。

(一) 小组分工与协作

组建专业小组。课程伊始,学生根据自身擅长的科目、兴趣爱好及掌握的技能,分成不同的小组,主要包括气象分析组、海底地形勘测组、工程成本核算组和生态环境评估组。这样的分组方式旨在让每位学生都能发挥所长,实现优势互补,从而对项目的各个方面进行深入研究。

气象数据分析小组:该小组的任务是为海上风电场选址提供准确的气象数据。他们需要收集目标海域多年的气象资料,从中筛选出特定季节、时间段和风速范围的数据,并绘制出风速玫瑰图、风切变曲线等图表,以清晰展示目标海域风能资源的分布和变化情况,为后续的选址和设计风机布局提供重要的气象参考。

海底地形勘测小组:海底地形勘测小组的工作对海上风电场的基础建设和整体规划至关重要。他们需要通过多种渠道获取数据,并运用专业的地理信息系统(GIS)软件,将测量数据转化为直观的二维海底地形图数据和三维地形模型,清晰展现海底地形的起伏、坡度及地质构造,为选择风机基础类型、设计布局和规划输电线路提供关键的地形数据。

工程成本核算小组:工程成本核算小组负责从项目开始到结束对海上风电项目的各项成本进行精确核算。他们研究项目前期的勘测费用,包括租赁设备、人员出差等开支;评估设备采购费用,考虑不同品牌、型号风机的价格差异,以及输电设备、基础材料的采购费用;计算工程建设的成本,涵盖施工场地准备、基础搭设、风机安装、输电线路铺设等环节的费用;同时,还要考虑项目后期的运营维护成本,如设备维修、人员工资、备件采购等费用。在核算成本时,小组成员会充分考虑各种不确定因素,如设备价格波动、人工成本上涨等,制订合理的成本预算方案。通过对比不同选址和建设规模的成本,为评估项目的经济可行性提供详细数据,帮助项目决策者做出科学合理的投资决策。

生态环境评估小组:生态环境评估小组主要负责研究海上风电项目对周边生态环境可能产生的影响。他们通过实地考察、查阅资料、咨询专家等途径,收集目标海域的生态环境数据,包括海洋生物的种类、分布范围、迁徙路线,以及渔业资源、鸟类栖息地等信息。分析风电场建设对渔业养殖、海洋生态系统结构和功能的影响。根据评估结果,提出生态保护措施和建议,如设立海洋生物保护区、优化风机布局以减少对鸟类迁徙路线的干扰、采用环保的施工技术和材料等,确保项目建设与生态保护协调发展,实现可持续发展的目标。

各小组之间积极交流,分享研究成果和经验教训,共同探讨解决问题的思路。例如,在讨论风机布局方案时,气象数据分析小组提供的风向、风速数据能够帮助工程成本核算小组评估不同布局方案的建设成本;海底地形勘测小组绘制的地形图和提供的地质信息能够使生态环境评估小组分析项目对海底生态系统的影响,而生态环境评估小组提出的生态保护要求又会反过来影响风机布局和工程建设方案的调整。通过这种跨小组的紧密合作和信息共享,能够有效避免各小组工作出现重复性劳动,提高项目的整体推进效率和质量。

（二）项目规划与实施模拟

为了让学生更加深入地理解和掌握海上风电项目的规划和实施过程,课程特别设置了模拟环节。学生依据之前的研究和模拟分析结果,制订详细的海上风电项目规划方案。该方案涵盖了项目的总体目标、建设规模、技术路线、实施进度计划及投资预算等内容。在制订方案的过程中,学生们充分考虑了各种实际因素和限制条件,如政策法规要求、资源条件限制、环境影响等,以确保方案既可行又合理。

在模拟项目实施阶段,学生们亲身模拟项目建设过程中的各个环节,包括项目招标、工程施工、设备安装调试、质量控制、安全管理等。通过角色扮演,他们分别化身项目业主、施工单位、监理单位、设备供应商等不同角色,严格按照项目实施流程和合同要求,进行模拟操作和沟通协调。

例如,在模拟项目招标环节,学生负责制定招标公告、撰写招标文件,并组织开标、评标等活动;在模拟工程施工环节,学生模拟了施工过程中的人员安排、设备使用、材料采购等各个环节,同时妥善处理施工中出现的各种问题,如工程变更、质量事故、安全隐患等。

通过这个模拟过程,学生不仅更加深入地理解了海上风电项目的建设流程,还提高了项目管理能力、团队协作能力及解决问题的能力。

通过这些科学合理的实施步骤,学生在"风中的魔法"课程实践中不仅提升了专业技能和综合素质,还为海上风电项目的实际应用和发展积累了宝贵经验。在未来的课程和实践中,我们可以进一步完善这些步骤,加强与更多外部机构的合作,拓展实践的领域和内容,培养出更多符合海洋能源开发需求的高素质人才。

四、成效亮点:工程思维与知识整合能力提升

在当今能源转型的关键时期,海上风电作为新能源领域的重要支柱,其相关课程的实践对于培养专业人才具有非凡意义。通过本次课程实践,学生们在

专业知识、实践能力、团队协作、沟通协调等多个维度实现了质的飞跃，为未来的职业道路与个人成长筑牢根基，同时也产出了一系列极具价值的特色成果。

（一）专业知识的深度融合与拓展

1. 多学科知识的融会贯通

海上风电项目本身是一个复杂的系统工程，涉及众多学科领域。在项目实践过程中，学生们深刻体会到了多学科知识融合的重要性。

以海上风电场选址为例，从风能资源分析的角度出发，依据海洋气象学知识，需要长期监测特定海域的风速、风向、风切变等参数。只有精准把握这些气象数据，才能确定该区域风能的稳定性和可利用价值。

同时，运用海洋地质学知识对海底地形和地质条件进行评估，因为不同的海底地貌，如平坦的大陆架、复杂的海沟或火山活动频繁区域，会影响风机基础的设计与施工难度。若海底地质不稳定，可能导致风机基础沉降、倾斜，进而危及整个风电场的安全。

在风机布局和输电线路设计环节，电力工程知识成为核心。学生需要考虑不同型号风机的发电效率、功率输出特性，合理布局以减少尾流效应，提高风能捕获效率。输电线路的铺设则需要综合考虑电缆的耐压等级、输电距离、电能损耗等因素，确保电力安全、高效地传输到陆地电网。

而在生态环境影响评估方面，生态学知识发挥着关键性作用。学生需要研究海上风电场对海洋生物多样性的影响，比如对鸟类迁徙路线的干扰、对海洋哺乳动物的声学影响及对渔业资源的潜在破坏等，并提出相应的保护措施。

通过这些实际项目的锤炼，学生们打破了以往学科之间的界限，学会从整体系统的视角思考和解决复杂工程问题。

2. 前沿知识的学习与应用

海上风电技术正处于快速发展阶段，不断有新的理论和技术涌现。在课程实践中，学生始终保持对行业动态的高度关注。在浮式海上风电场技术研究中，他们深入剖析不同类型的浮式基础结构，如半潜式、张力腿式、单柱式等。半潜式基础凭借其良好的稳定性和适应性，适用于多种海况，但成本相对较高；张力腿式基础则在深海区域展现出独特优势，通过紧绷的系泊索将平台固定，有效减少平台的位移；单柱式基础结构简单，成本较低，更适合浅海区域。学生们还深入学习了系泊系统设计的相关知识，了解了系泊索的材料选择、长度计算、布置方式等，以确保浮式平台在恶劣海况下的安全稳定。此外，对于海上风电与波浪能、潮汐能等多能互补的技术原理，学生们也进行了深入探索。例如，通过设计一种联合发电装置，利用波浪能发电装置将波浪的动能转化为电能，与海上风电形成互补。在风力不足时，波浪能发电可以补充电力输出，提高能源供应的稳定性和可靠性。通过对前沿知识的学习和实践应用，学生们不仅拓宽了知识边界，更对行业未来的发展趋势有了更敏锐的洞察力。

（二）实践能力的全面提升

1. 数据采集与分析能力

在项目实施过程中，数据是决策的关键依据。学生们熟练掌握了各类先进的数据采集工具和科学的分析方法。在气象数据采集方面，他们利用高精度的气象监测站，持续收集多年的风速、风向、温度、湿度等数据。借助专业的数据筛选软件，学生能够快速从海量数据中提取出特定季节、特定风速区间的数据。例如，在研究某海域夏季风能资源时，他们精准筛选出7月至9月风速在6—10米/秒区间的数据，并运用数据分析软件绘制出详细的风速变化趋势图，为风电场选址提供了重要参考。

在海底地形数据处理上，学生熟练运用地理信息系统（GIS）软件。通过声呐探测设备获取海底地形原始数据后，他们在GIS软件中进行处理和分析。不仅能够生成高精度的二维海底地形图，清晰展示海底的深度、坡度等信息，还能借助三维建模技术，直观呈现海底地形的立体起伏变化。在风机基础选型时，借助三维海底地形图有助于更准确地判断不同区域适合的基础类型，如在浅海平坦区域选择重力式基础，在深海复杂地形区域采用桩基础或浮式基础。

2. 项目规划与实施能力

学生全程深度参与海上风电项目从选址到规划再到实施的每一个环节，积累了丰富而全面的项目经验。在项目规划阶段，他们充分考虑多方面因素，制订科学合理的方案。在确定风机布局时，学生综合考虑风能利用效率和生态环境保护的需求。通过建立数学模型，模拟不同风机布局下的风能捕获情况，同时结合海洋生态环境调查数据，避开海洋生物的重要栖息地和迁徙路线。例如，在某海域规划风电场时，学生们发现该区域是某种珍稀海龟的繁殖地和洄游通道，于是通过调整风机布局，在海龟活动区域设置缓冲区，既保障了风能的有效开发，又最大限度地减少了对生态环境的影响。

在项目实施过程中，学生们学会制订详细的项目进度计划。他们将整个项目分解为多个阶段和任务，明确每个任务的开始时间、结束时间和责任人。同时，合理安排人力、物力和财力资源，确保项目按时、按质完成。面对恶劣天气导致的施工延误，学生们及时调整施工计划，利用天气好转的间隙，增加人力和设备投入,追赶进度;对于设备故障,学生迅速组织技术人员进行抢修,同时启动备用设备,保障项目的连续性。

(三) 团队协作能力的显著增强

1. 跨小组协作与沟通

本次课程实践采用小组分工协作模式,不同小组之间的紧密协作是项目成功的关键。气象数据分析小组、海底地形勘测小组、工程成本核算小组和生态环境评估小组在项目推进中密切配合。在讨论风机基础选型时,工程成本核算小组通过市场调研和成本分析,提供不同基础类型的建设成本、维护成本、使用寿命等数据;海底地形勘测小组则根据实地勘测结果,详细介绍海底地质条件、地形起伏等信息。各小组基于自身专业知识,共同探讨不同基础类型在该海域的适用性。经过多轮讨论和分析,综合考虑成本、安全性、施工难度等因素,最终确定了最经济、最安全的风机基础方案。通过这种跨小组的协作与沟通,学生学会倾听不同学科背景同学的意见,尊重彼此的专业知识,充分发挥各自优势,共同攻克复杂项目难题。

2. 团队角色认知与职责履行

在每个小组内部,学生们明确各自角色和职责,形成高效协作模式。以气象数据分析小组为例,负责数据采集的学生须定期维护气象监测设备,确保数据的准确性和完整性;负责数据处理和分析的学生则运用专业软件对采集的数据进行清洗、分析和建模;负责撰写报告和汇报工作的学生则将分析结果以清晰、简洁的语言呈现出来。小组内部建立了完善的沟通机制,每天进行工作进度汇报和问题讨论。当某个成员遇到困难时,其他成员迅速提供帮助和支持。比如,负责数据采集的学生在遇到设备故障时,负责数据处理的学生会协助排查故障原因;撰写报告的学生在理解数据结论有困难时,负责分析的学生会进行详细讲解。通过这种团队角色认知和职责履行的锻炼,学生们不仅提高了个人工作效率和质量,还极大增强了团队的凝聚力和战斗力。

(四) 沟通协调能力的大幅提升

在课程实践后期,项目汇报与展示是检验成果的重要环节。为做好汇报,学生们精心准备材料,充分锻炼了各项能力。在演示文稿制作上,他们注重内容的逻辑性,确保图表简洁且美观。汇报从项目背景引入,逐步阐述项目的目标和意义,详细介绍实施过程中的关键步骤和技术方法,最后突出展示项目的成果亮点。同时,学生还制作了精美的项目宣传视频,通过动画演示、实地拍摄等方式,生动地展示了项目的全貌。

在汇报过程中，学生们注重语言表达的准确性和流畅性。他们运用生动的案例、翔实的数据和直观的图表，深入浅出地向听众阐述项目。面对听众提出的各种问题，如技术可行性、成本效益、生态影响等，学生能够迅速思考，结合所学知识和实践经验，给出准确、清晰的解答。通过多次项目汇报和展示的锻炼，学生们的沟通表达能力和自信心得到极大提升，为今后在职业发展中的项目汇报和商务沟通奠定了坚实基础。

（五）特色成果呈现

1. 创新方案设计

在课程实践中，学生们针对海上风电项目中的关键问题提出了一系列创新性解决方案。其中，一种新型的海上风电与海水养殖相结合的综合开发模式备受关注。该方案通过深入研究海域的自然条件和产业需求，合理规划空间布局。在风电场区域，学生们利用风机基础的闲置空间，设置适合海水养殖的设施，如养殖网箱、贝类附着基等。

在养殖品种选择上，他们挑选与海上风电环境相适应的鱼类、贝类和藻类。例如，养殖一些对水流和光照要求与风机运行环境相匹配的贝类，这些贝类既可以利用风机基础获得附着场所，又能净化海水，改善海洋生态环境。这种模式不仅提高了海域的利用效率，实现了风能资源开发与渔业生产的协同发展，还增加了经济效益和生态效益。该创新方案得到了行业专家的高度认可，并有望在实际项目中进行试点推广。

2. 学术成果产出

部分学生在课程实践的基础上深入开展研究工作，撰写相关课题报告。这些课题围绕海上风电领域的热点问题展开，如海上风电的可靠性评估、海上风电场的优化运行等。在海上风电可靠性评估研究中，学生们通过建立可靠性模型，综合考虑风机设备的故障率、维修时间、环境因素等，对风电场的整体可靠性进行量化评估，并提出了新的评估指标和方法，为风电场的运营维护提供了科学依据。

在海上风电场优化运行研究方面，学生通过分析不同运行策略下的发电量、设备损耗等因素，提出了基于智能算法的优化运行方案，能够有效提高风电场的发电效率和经济效益。

五、深度思考:课程优化需求与行业资源对接

(一)课程总结

1. 目标达成情况

本次“风中的魔法”课程实践以海上风电工程项目为核心,课程目标紧密围绕培养学生在海洋能源开发领域的专业能力和综合素质。从知识层面看,学生通过系统学习海上风电的发展现状、选址与规划的关键技术,深入理解了海洋气象学、海洋地质学、电力工程、生态环境评估等多学科知识,实现了多学科知识的融合与应用,达成了知识储备目标。在实践技能方面,学生熟练掌握了各类数据采集与分析工具,并在项目规划与实施过程中积累了丰富的实践经验,实践能力得到了显著提升。在团队协作和沟通能力培养上,通过小组分工协作与交流,学生学会了如何在团队中发挥自身优势,以及如何与不同利益相关者进行有效的沟通协调,达到了预期的能力培养目标。

2. 学生收获

通过课程,学生不仅了解了海上风电项目的核心技术,还对海洋能源开发领域的前沿技术和发展趋势有了清晰的认识。实践能力的提升使学生具备了独立解决实际问题的能力,从数据采集到项目规划的各个环节,都能运用所学知识和技能进行高效操作。团队协作能力的增强让他们明白了团队合作的重要性,学会了倾听他人意见,共同攻克项目中的难题。沟通协调能力的提高则为其未来的职业发展奠定了坚实基础。

(二)课程反思

1. 存在的问题

数据方面:数据采集的局限性是较为突出的问题。尽管学生们运用了多种数据采集手段,但部分海洋区域由于地理位置偏远、监测设备不足等原因,数据的覆盖范围和时间跨度受限。例如,在一些深海区域,气象数据的采集频率较低,无法满足对风能资源精细分析的需求;海底地形数据的分辨率不高,对于一些复杂海底地貌的刻画不够准确。这导致在项目选址和规划过程中对某些关键因素的判断存在一定误差,影响了项目方案的科学性和准确性。

团队协作:在团队协作过程中,虽然建立了沟通机制,但在信息共享和协同工作效率上仍有待提高。不同小组之间的数据传递和工作交接有时会出现信息不及时、不准确的情况。例如,气象数据分析小组获取的最新气象数据未能及时传递给工程成本核算小组,导致成本核算时未能充分考虑气象因素对项目

的影响,从而造成成本预算偏差。此外,在团队决策过程中,由于部分成员参与度不高,一些创新性的想法未能得到充分讨论和采纳,影响了项目方案的优化和创新。

教学资源与时间安排:教学资源的有限性也对课程实践产生了一定影响。在学习一些前沿技术和理念时,如海上风电与储能技术的融合应用、智能运维系统的开发等,由于缺乏相关的实验设备和软件平台,学生们只能进行理论学习,无法进行实际操作和验证,对这些知识的理解不够深入。同时,课程实践周期相对较短,在一些复杂环节,如海上风电项目的经济可行性分析和环境影响评估,学生们无法进行全面、深入的研究,只能进行初步的探讨和分析。

2. 改进措施

数据采集与管理:为解决数据采集问题,应加强与专业数据采集机构和科研院校的合作,共享数据资源,拓宽数据采集渠道。同时,加大对先进数据采集设备的投入,提高数据采集的精度和效率。此外,还应建立完善的数据管理系统,对采集到的数据进行规范化处理和存储,确保数据的准确性、完整性和可追溯性。通过数据挖掘和机器学习技术,对海量数据进行深度分析,挖掘数据背后的潜在价值,为项目选址和规划提供更有力的数据支持。

团队协作优化:优化团队协作机制,建立更加高效的信息共享平台。利用项目管理软件,实现数据和文档的实时共享和协同编辑,确保各小组之间的信息传递及时、准确。同时,加强团队建设活动,定期组织团队培训和交流活动,提高团队成员之间的信任度和默契度。在团队决策过程中,鼓励每个成员积极参与,采用头脑风暴、小组讨论等方式,充分激发成员的创新思维,确保项目方案的科学性和创新性。此外,还应明确各小组和成员的职责和分工,建立有效的监督和考核机制,对团队成员的工作表现进行定期评估和反馈,激励成员积极履行职责,提高团队整体绩效。

教学资源与时间管理:增加教学资源投入,购置先进的实验设备和软件平台,为学生提供更好的实践条件。例如,建立海上风电模拟实验室,配备专业的风能模拟软件、电力系统仿真软件等,让学生能够在实验室环境中进行各种项目方案的模拟和验证。同时,与企业和科研机构合作,建立实习基地,让学生有机会参与实际的海上风电项目,积累更多的实践经验。此外,还应合理调整课程时间安排,延长课程实践周期,确保学生有足够的时间对项目的各个环节进行深入研究和分析。在课程设置上,合理分配理论教学和实践教学的时间比例,注重实践教学的质量和效果,让学生在实践中更好地掌握知识和技能。

（三）未来展望

在课程发展方向上，将不断优化教学内容和方法，紧跟海上风电产业的发展趋势。在教学内容上，将增加更多关于海上风电与其他能源融合发展、海上风电对海洋生态环境影响及保护措施等方面的知识，拓宽学生的知识面和视野。同时，引入更多实际项目案例，让学生在真实的项目环境中锻炼自己的能力。在教学方法上，将采用多样化的教学手段，如项目式学习、案例教学、小组讨论等，激发学生的学习兴趣和主动性。此外，还将加强与企业和科研机构的合作，邀请行业专家参与教学，为学生提供最新的行业动态和实践经验。同时，利用在线教学平台开展远程教学和学习交流活动，打破时间和空间的限制，提高教学资源的利用效率。

第五章　总结与展望

生态教育的实践探索始终在传承中创新、在反思中前行。跨学科项目化学习的持续推进不仅为青少年生态素养的培育提供了有效路径,也为教育与社会需求的深度对接积累了宝贵经验。

从课程设计到实践落地,从个体成长到群体影响,每一步探索都在生态育人的画卷上留下浓墨重彩的一笔。通过系统梳理实施成效、深入剖析现实挑战,教育者们正以理性思考与创新精神为生态教育的可持续发展勾勒更清晰的蓝图。未来,如何深化跨学科融合、拓展实践边界、构建协同育人网络,将成为生态教育创新的核心命题。

第一节　跨学科项目化学习实践成效总结

一、学生素养与能力提升

上海师大二附中开展的跨学科项目化学习在学生素养与能力培养方面取得了显著成效。在知识与技能层面,学生通过参与“生态问题解决”系列课程,对生态知识的理解更加深入透彻。例如,在“海洋预报信息解读与海洋生态保护”项目中,学生融合地理、物理、信息技术等多学科知识,深入解读海洋预报信息,掌握海洋生态相关知识,不仅拓宽了知识视野,而且综合运用知识解决实际问题的能力也得到显著增强。据课程结束后的测评反馈,学生在相关知识测试中的正确率提升了很多,这充分体现了学生知识储备和运用能力的提升。

在项目实践中的实践与创新能力方面得到充分锻炼。以“造物奇旅:3D 打印助力生态问题解决”项目为例,学生运用 3D 打印技术,设计并制作出如微型水质监测装置、甲醛检测装置等创意作品,有效解决了实际环境问题。在各类创新实践竞赛中，参与项目化学习的学生获奖比例持续上升，近三年参与此类竞赛的获奖人数增长了25%，这充分彰显了学生实践与创新能力的提高。

此外，团队协作与沟通能力提升也是学生在跨学科项目化学习中的重要收获。项目实施多以小组形式开展，学生在合作中学会倾听和分工协作。例如，在“探秘湿地”项目中，学生分组完成湿地生态系统研究、湿地公园模型设计等任务，通过交流合作，团队协作与沟通能力得到有效培养。据调查显示，超过85%的学生表示在团队合作和沟通交流方面取得了明显进步，能够更高效地与团队成员共同完成复杂任务。

二、教师教学组织与专业发展收获

在跨学科项目化学习的实践进程中，教师的教学组织能力实现了质的飞跃。教师需要突破传统单一学科教学的局限，整合多学科知识来设计项目课程。例如，在“外来生物入侵问题的研究与防治”课程设计过程中，生物、地理、历史等学科教师共同参与，协调教学内容、方法和进度。在此过程中，教师学会了将不同学科知识巧妙融合，设计出兼具综合性与趣味性的教学项目，教学组织的灵活性和创新性显著增强。

此外，教师的专业发展也收获颇丰。跨学科项目化学习促使教师不断学习新知识，拓宽学科视野。例如，地理教师在参与“水韵校园：校园水环境研究与水质改善”项目时深入学习了化学、生物学中关于水质检测、水生生物等方面的知识，提升了自身综合知识水平。

同时，教师的教育研究能力也在实践中得到锻炼和提升。教师在项目化学习过程中不断反思教学方法和学生学习效果，积极开展教育研究。许多教师结合项目实践撰写的教学论文和案例在教育期刊上发表或在教学研讨活动中交流分享，有力地推动了教师从教学型向研究型的转变。

三、学校品牌建设与社会影响力提升

跨学科项目化学习为上海师大二附中的品牌建设和社会影响力提升注入了强大动力。学校凭借生态科技教育领域的特色课程和显著的实践成果，在区域乃至更广泛的范围内树立了优质教育的品牌形象。学校荣膺“上海市特色普通高中建设项目学校”的称号，在各类生态教育竞赛和活动中屡创佳绩，吸引了众多兄弟学校前来交流学习。

学校的社会影响力持续扩大，与社区、企业和高校的合作日益紧密。学校与周边社区合作,开展了丰富多样的环保宣传活动,如“世界湿地日”“全国低碳日”等主题活动,组织学生深入社区宣传生态知识,提升居民的环保意识,受到社区居民的高度认可。与企业合作建立多个校外实践基地,不仅为学生提供广阔的实践平台,也为企业输送了具备生态环保意识和实践能力的人才,实现互利共赢。与高校的合作则引入了先进的教育理念和科研资源,推动学校教育教学水平的不断提升。

学校的生态科技教育成果多次被媒体报道,进一步提高了学校的知名度和社会影响力。学校的教育经验在区域内广泛传播,为其他学校开展类似教育提供了宝贵的借鉴,有力地促进了区域教育的协同发展。

第二节 实践过程中的问题反思与改进措施

一、跨学科融合沟通协调障碍与解决方案

在跨学科项目化学习实践中,学科教师之间存在沟通协调障碍。不同学科教师的教学思维和方法差异较大,在课程设计和实施过程中易出现对项目目标理解不一致、教学内容衔接不顺畅的情况。例如,在“风中的魔法:海上风电课程实践探索”课程中,物理教师侧重于讲解风力发电的物理原理,地理教师关注风能资源的地理分布,生物教师则聚焦于风电项目对生态环境的影响,各学科教师在教学重点和时间分配上难以达成共识。

为解决这一问题,学校应搭建常态化的跨学科教师交流平台。例如,每周开展一次跨学科教研活动,让教师们共同探讨项目课程的设计与实施,分享教学经验和资源。同时,设立跨学科课程协调员,挑选具备丰富教学经验和跨学科知识的教师担任此职,负责协调各学科教师的教学工作,保障项目课程的顺利推进。在课程设计阶段,组织教师集中备课,明确各学科在项目中的教学目标和任务,制定详细的教学计划与进度安排,强化学科之间的衔接与融合。

二、资源配置问题及优化措施

在资源配置方面存在一定问题。实践基地资源有限,难以满足全体学生的实践需求。例如,在开展“未来生态学家计划”项目时,因实验设备和场地不足,部分学生无法充分参与实验操作和实地调研。此外,课程资源整合也不够充

分，校内外资源未能有效对接，造成了一定程度的资源浪费和重复建设。

为解决这些问题，学校应加大对实践基地的投入力度，完善实验设备和场地建设，为学生提供更优质的实践条件。同时，加强与校外资源的合作与整合，建立稳定的合作关系，实现资源共享。例如，与上海自然博物馆、辰山植物园等建立长期合作，定期组织学生参观学习和开展实践活动；与企业合作，建立校外实习基地，为学生提供实际操作和实习机会。此外，还可以借助网络资源，开发虚拟实验室和在线课程，拓宽学生的学习渠道，弥补实践资源的不足。

三、评价体系适应性调整方向

当前评价体系难以完全适应跨学科项目化学习的需求。评价标准不够全面，过于侧重项目成果而忽视了学生在学习过程中的表现，如团队协作、问题解决能力等方面。评价方式也较为单一，以教师评价为主，缺乏学生自评和互评，难以全面、客观地反映学生的学习情况。

学校须构建多元化评价体系，综合考量学生的知识掌握、能力发展、态度和价值观等方面。应提高过程性评价的比重，关注学生在项目实施过程中的参与度、团队协作能力、问题解决能力等表现，可通过课堂观察、小组互评、学习日志等方式进行评价。同时，引入学生自评和互评机制，让学生参与评价过程，以提升评价的客观性和公正性。此外，还可邀请校外专家、企业人士参与评价，从不同视角对学生项目成果进行评价，使评价结果更全面、准确。

第三节　未来发展方向与持续推进策略

一、长期发展规划的制定

学校应制定清晰的长期发展规划，进一步深化跨学科项目化学习。在未来五年内，持续优化生态科技教育课程体系，增加跨学科项目课程的数量，提升课程质量，覆盖更多生态领域和学科。同时，加强师资队伍建设，培养一批具备跨学科教学能力和研究能力的骨干教师，为课程实施提供坚实的人才支撑。

学校还应建立完善的学生发展跟踪机制，对参与跨学科项目化学习的学生进行长期跟踪，了解学生毕业后在学习和工作中对所学知识和技能的运用情况，以及在生态环保领域的发展状况。依据反馈不断调整和优化课程内容与教学方法，并加强与国内外优秀学校的交流合作，学习借鉴先进的教育理念和教学经验，推动学校跨学科项目化学习持续发展。

二、新兴技术应用前景与实践路径

新兴技术为跨学科项目化学习带来了广阔的应用前景。学校可利用虚拟现实（VR）和增强现实（AR）技术，为学生创造更真实的学习情境。例如，在“生物多样性与生态系统保护”项目中，学生可借助 VR 技术，身临其境地观察生物的生活环境和习性，增强学习的趣味性和沉浸感。同时，利用人工智能技术对学生学习过程和成果进行分析评估，为教师提供个性化教学建议，实现精准教学。

学校应积极引入相关技术设备，建立虚拟现实实验室和人工智能学习平台。组织教师参加新兴技术应用培训，提升教师运用技术教学的能力。鼓励教师将新兴技术融入项目课程设计，探索新的教学模式和方法，如开发基于 VR/AR 的项目课程、利用人工智能辅助教学评价等，以提高教学效果和学生学习体验。

三、家、校、社协同合作拓展资源与基地

家、校、社协同合作对拓展资源和基地意义重大。学校应加强与家长的沟通合作，鼓励家长参与学校生态科技教育活动。家长可作为志愿者参与学校组织的环保实践活动，为学生提供指导和帮助；也可利用自身职业资源，为学生提供参观企业、了解行业发展的机会。

学校还应进一步拓展与社区和社会机构的合作。与社区合作开展环保项目，如社区垃圾分类宣传、生态社区建设等，让学生在实践中增强社会责任感；同时，与环保企业、科研机构合作建立更多校外实践基地，为学生提供丰富的实践机会和专业指导。此外，与环保企业合作开展绿色科技创新项目，让学生参与企业实际研发过程，了解行业前沿技术和发展趋势。

四、区域学习共同体构建设想与计划

构建区域学习共同体有助于整合区域内教育资源，促进学校之间的交流合作。学校可联合周边学校，共同开展跨学科项目化学习活动。建立区域生态科技教育联盟，定期组织联盟学校开展教学研讨、课程共享、学生竞赛等活动，推动区域内学校共同发展。

制订区域学习共同体建设计划,明确各学校的职责和分工,共同开发具有区域特色的跨学科项目课程。组织区域内教师开展联合备课和教学观摩活动,分享教学经验和教学资源。建立区域学习成果共享平台,展示学生优秀项目成果,促进学生之间的学习交流,推动区域生态科技教育水平整体提升。

参 考 文 献

郭鲲鹏.角色扮演法在中学生物学教学中的应用[J].新课程研究(下旬刊),2013(2):129-130.

贺燕青.基于考查社会责任的初中生物学试题评析[J].生物学教学,2021,46(9):53-56.

李兆飞.外来入侵植物互花米草控制的初步研究[D].福州:福建农林大学,2009.

鲁新民.党史教育融入高中课程思政的探索[J].教学月刊·中学版(教学参考),2021(5):3-6.

宋家波.怀远县城市湿地保护规划及开发利用探究[J].花卉,2016(5):84-85.

孙晓旭,徐进,康晓荣.《工业水及废水处理工程》课程思政教育建设初探[J].广州化工,2023,51(6):188-190.

夏雪梅.跨学科项目化学习:内涵、设计逻辑与实践原型[J].课程·教材·教法,2022,42(10):78-84.

徐星,薛婷彦.深耕37年的特色高中"生态科技教育"之路 上海师大二附中:点亮生态科技梦 让普通孩子变得不普通[J].上海教育,2022(33):36-38.